东西南北中国风

唐元 著

国学微读

蒋寅 主编

凤凰出版社

图书在版编目（CIP）数据

东西南北中国风 / 唐元著. -- 南京 : 凤凰出版社, 2017.10
（国学微读 / 蒋寅主编）
ISBN 978-7-5506-2655-3

Ⅰ. ①东… Ⅱ. ①唐… Ⅲ. ①风俗习惯一中国一通俗读物 Ⅳ. ①K892-49

中国版本图书馆CIP数据核字(2017)第248791号

书　　名	东西南北中国风
著　　者	唐　元
责任编辑	陈晓清
书籍设计	徐　慧
出版发行	凤凰出版社(原江苏古籍出版社) 发行部电话025-83223462
出版社地址	南京市中央路165号,邮编:210009
出版社网址	http://www.fhcbs.com
照　　排	江苏凤凰制版有限公司
印　　刷	苏州市越洋印刷有限公司 苏州市吴中经济开发区南官渡路20号,邮编:215104
开　　本	787×1092毫米　1/32
印　　张	5.75
字　　数	124千字
版　　次	2017年10月第1版　2017年10月第1次印刷
标准书号	ISBN 978-7-5506-2655-3
定　　价	38.00元 (本书凡印装错误可向承印厂调换,电话:0512-68180638)

序

自上世纪末以来，“微”字一步步走入我们的生活。先是微机、微生物、微量元素，然后是微博、微信、微视、微观察、微语言、微电影、微讲堂，最后是微店、微商、微客、微营销、微服务、微伙伴、微幸福……今天，我们的日常生活已是一个由“微”构成的世界。而在消费领域，更仿佛所有的需求和供给都趋于微化，连阅读也开始进入微读的时代。这一微化的趋势及意义，尚难一言以蔽之，但我想它首先意味着更多元、更个性化、更有针对性的社会需求以及相应而生的各种供给。

持续增长的中国经济所带来的不只是满足物质欲望的需求，同时也酝酿着社会对精神文化的渴求。经济腾飞、国力增强的成功，多少找回点国人对民族文化的信心，教育水平的提高更为传统文化的普及提供了适宜的土壤，“国学热”顺理成章地在世纪之交成为文化市场的时尚。从大学讲堂到民间书院，从经院学术到大众传媒，国学忽然成了全社会关注的对象。大学纷纷成立国学院，出版社推出各种高头讲章，电视台也开办各类国学知识讲坛，一时间国学不可谓不热！但遗憾的是，这热潮并未能让国学得到很好的普及和承传，甚至国学作为知识的基本属性在社会上下也不曾达成一致的认识。一个有象征意味同时也颇具反讽效果的事实是，国学将作为一级学科设立，而且被归入历史类。让我迷惑的是，它下设的国史（中国史）、国文（中国语言文学）原本就是一级学科，不知将如何自处；更不知道将来顶着国学博士头衔求职的人，将如何回答考官“你学的是什么专业”的问询？当他们说明自己的专业范围时，考官定会惊讶：你说你获得的是“文科博士”或“人文学博士”吗？世界上没有这样的学位。曾有日本书法家在欧洲开展览，当被问及书写字体何以像汉字时，此君回答那是亚洲字。识者哂道，从来没有以洲际命名的文字。同理，也从来没有以跨知识领域命名的学位。

将国学设为一级学科并归入历史类，显示出学界对国学概念理解的模糊不清。与近代许多学术概念一样，“国学”也源自日语名词，本指相对于洋学的日本传统学问，近代中国借指相对于西学的以儒家学说为主体和价值核心的中国文化与学术，西人称之为Sinology，也译作“汉学”或“中国学”。它以先秦儒家经典为根基，吸收诸子学说和佛教等外来文化，历经两汉经学、魏晋玄学、宋明理学等学术思潮及文学、艺术史的充实和发展，以诗赋、史传、注疏、翻译、骈散文、词曲、传奇、小说等丰富多彩的文本形式构筑起庞大的知识体系，是记录和传承华夏民族物质和精神文化的古典知识的总和。国学的基本属性，或用一句话来给国学下定义的话，那就是本国传统学问。它对应的知识范围是传统图书分类学意义上的经史子集四部文献，是反映古代中国的知识积累和学科区分意识的知识系统。其中既有与现代学科分类对接的知识门类，如史学；也有与现代学科分类不相容的知识门类，如经学、诸子学。将这古典知识系统纳入现代科学体系，必然会出现方枘圆凿的结果。

自近代以来，学人间常有一种偏见，以为学科划分源自西学的影响。历史学家顾颉刚年轻时也曾说过，“中国的学问是向来只有一尊观念而没有分科观念的”，“旧时士大夫之学，动称经史词章，此其所谓统系乃经籍之统系，非科学之统系也”(《古史辨》自序)。这是不符合事实的。即便是经史词章，古代也自有分科。南朝梁元帝萧绎《金楼子·立言》云：“古人之学者有二，今人之学者有四。夫子门徒，转相师受，通圣人之经者，谓之儒。屈原、宋玉、枚乘、长卿之徒，止于辞赋，则谓之文。今之儒，博穷子史，但能识其事，不能通其理者，谓之学。至如不便为诗如阎纂，善为章奏如伯松，若此之流泛谓之笔。吟咏风谣，流连哀思者，谓之文。”这是唐以前的学问分科。鲁曾煜《穆堂别稿序》举程子之说曰：“古之学者出于一，今之学者出于三，曰道学也，经学也，词学也。”这是宋代理学家的学问分科。宋濂《傅幼学字说》论后世之学，说：“士有以理财为学者矣，有以听讼为学者矣，有以治兵为学者矣，有以文章为学者矣，有以训诂为学者矣。”这是明人的学问分科。王棻《论学》则说：“尝观古今天下之学术，大概有三，而其别有四，举业不与焉。曰性理之学，经济之学，训诂之学，词章之学。”曾国藩也有义理之学、词章之学、经济之学、考据之学四科的划分(《求阙斋日记》)，分别对应于孔门德行、言语、政事、文学四科。这又是清代在正统观念主导下的学科分类。如果切合社会实际而进行学科划分，那么包括的知识面还要广得多。应撝谦《万子充宗仪礼解序》云：“今之世有经济之学，有禅玄之学，有诗赋之学，有四六之学，有刑名之学，有举业之学，而性命之学则未之见也。”对应当今的学科分类，包含政治、经济、宗教、文学(文秘)、法学、逻辑、哲学、伦理八科。方以智之父孔炤又说：“言义理，言经济，言文章，言律历，言性命，言物理，各各专科，然物理在一切中，而《易》以象数端几格通之，即性命、生死、鬼神，只一大物理也。”（《物理小识》引）这又相当于今天的哲学、政治、经济、文学、天文、数学、哲学、心理学、自然科学九科，这大体就是中国古代传统学问的学科分类。

中国古代没有自然科学的概念，现代学科分类中的物理、化学、生物学等都以“物理”之名概之；与近代学科分类相比较，传统学问又没有工、商、医、农诸分科。大体说来，传统观念中的学问体系，以性理之学、经史之学、辞章之学为正统学问，词曲之学、书画之学、物理之学、天文历算之学、地理水道之学、医药之学、兵法律令之学为杂学，奇门遁甲、星象堪舆、卜筮相占、释道修炼之学为旁门左道。说它不同于近代学科体系，甚至说是前现代的知识体系都可以，但要说没有分科观念，显然是不合适的。所谓国学，就是这些知识门类的综合体，是一个由古典的学科分类支撑的知识体系，将它纳入当今的现代学科分类中，结果只会带来学科体系的混乱。这就是我赞同设立国学院，甚至建议用传统知识体系乃至教育理念来教学，却坚决反对设立国学一级学科的道理。

由于学界在“国学”概念认知上的迷惑，近年的国学热在导向上存在很大的偏差，重思想史、学术史而轻艺术史和生活史，传统国学教育中的“四科”、“六艺”几乎被淡忘。虽然市面上涌现出一大批国学类出版物，但多数为学术著作和较专门的读物，适合普通读者阅读的普及读物，尤其是涵盖传统国学丰富内容的读物还较少。为此我们共同编纂了这套意在普及传统文化知识的“国学微读”丛书，希望以独特的形式、适当的内容和扎实的知识，引领青少年和对国学感兴趣的读者畅游国学天地。由个性化的写作，个性化的阅读，获得见微知著的效果。

这套丛书的宗旨主要是为读者提供丰富有趣的传统文化知识，其中包括华夏民族文化的基础知识、传统观念和道德习俗，还有日常生活、游戏等内容。选题和总体设计都经过反复斟酌，以适应普通读者的阅读需求。除了讲究知识的完整、系统、准确之外，还注意深入浅出，通俗易懂，可读性强。为此，各位作者在构思、视角和叙述文字上都很下了一番功夫，相信读者们能够感受到他们的勤奋和努力。必须说明的是，普及读物不同于学术著作，学术著作只有一种写法，或者说只有一种较好的写法，而普及读物却有无数种写法。就国学这么大的题目而言，不同的作者会写出各种不同面目的书来。我们的设计和写作未必就是最理想的，因此很希望听到读者的意见。各位读者若能将读后感反馈给我们，那我们就有了改进的动力和方向。

国学，不仅沉睡在浩瀚的古籍里，也生活在你我的交流中。无数微读的星光，会汇成银河，将国学的夜空照亮。其中有你，也有我。

蒋　寅

2016 年 9 月 1 日于中国社会科学院文学研究所

目　录

导　语　001

子丑寅卯话干支　002

干支天地　002

十二辰　004

夜鸣更鼓　010

生肖小语　013

万紫千红总是春　016

福星高照（春节）　016

爆竹声中一岁除（春节）　018

治大国若烹小鲜（春节）　020

春江水暖鸭先知（立春）　023

团圆上元丸（元宵节）　027

绝妙好辞（元宵节）　028

长倍其身（元宵节）　030

旱船遥似泛(元宵节) 032
未雨绸缪(雨水) 034
迅雷修省(惊蛰) 037
厚德载物(春社) 038
中分春一半(春分) 041
隐士高风(寒食节) 045
寒食东风(寒食节) 047
寒食架秋千(寒食节) 049
寻春踏青(清明) 051
明前清茶(清明) 055
曲水流觞(上巳节) 057
国色天香(谷雨) 060

绿树阴浓夏日长 063

夏木已成阴(立夏) 063
谁谓茶苦(小满) 065
治本于农(芒种) 067
初夏的花魂(芒种) 070
闲敲棋子落灯花(芒种) 072
幽兰清芬(端午节) 076

同舟竞渡(端午节)　079
角黍情思(端午节)　082
东边日出西边雨(夏至)　084
蝉噪林逾静(小暑)　087
盛夏晒书日(晒书节)　091
饮水思源(井神日)　093
止戈为武(大暑)　095
志在千里(马神节)　099
花之君子(观莲节)　100

秋风起兮白云飞　104
我言秋日胜春朝(立秋)　104
碧藕试初凉(立秋)　106
我们的爱情星(七夕节)　108
心之灵手之巧(七夕节)　110
微凉的秋(处暑)　112
彼岸,此岸(中元节)　115
白露为霜(白露)　118
秋夜促织鸣(白露)　120
平分秋色(中秋节)　122

人月两团圆（中秋节） 124
小饼如嚼月（中秋节） 127
风清露冷秋期半（秋分） 129
潮头高几许（观潮节） 131
愿者上钩（寒露） 134
把酒对名山（重阳节） 140
烈士壮心（重阳节） 143
秋色满东篱（重阳节） 144
霜降秋深（霜降） 146

天涯霜雪霁寒宵 149
今宵寒较昨宵多（立冬） 149
银装素裹（小雪） 151
瑞雪兆丰年（大雪） 153
冬至长夜（冬至） 155
寒冬腊月（小寒） 158
岁寒知松柏（大寒） 160
新桃换旧符（除夕） 164
更岁交子（除夕） 169

导 语

我国是一个历史悠久的多民族国家，在漫长的文明发展史中，不同地域、不同民族的人们在特定的社会文化区域内，逐渐形成了一些共同遵守的行为模式或规范，呈现出多姿多彩的民俗文化。节日和节气，是其中特别重要的组成部分。我国节日和节气风俗受到历法、岁时的很大影响，也有因为生产、生活、祭祀、纪念、辟邪、避疾、祈福、庆祝等需要而形成，并往往与著名的传说、故事相关联。节日期间，人们走亲访友，礼尚往来，举行各种仪式，身着特殊的服装和配饰，制作代表性的食物，观赏当季的美景，追溯相关的传说，并进行游乐和竞技活动。传统节日和节气中包含着丰富的传统习俗和人生智慧，广泛流行，世代传承，深深渗入了广大民众的日常生活，体现着中华民族特有的生活方式和文化形态。

子丑寅卯话干支

干支天地

要想了解中国的历法，就必须先了解天干地支，它是我国文化中一种古老而重要的符号系统，简称“干支”。“天干”有十个，即甲、乙、丙、丁、戊、己、庚、辛、壬、癸。“地支”有十二个，即子、丑、寅、卯、辰、巳、午、未、申、酉、戌、亥。十干和十二支依次相配，如“甲子”、“乙丑”、“丙寅”等等，可以组成六十个组合，这个组合循环往复，构成了我国传统的干支纪年法。这套干支系统可以用来纪年，也可以用来纪月、纪日。如公元 2014 年，按照干支纪年，到了春节过后，就是甲午年。再举日期的例子，比如 2014 年的清明节，是在公历的 4 月 5 日，按照干支历法，即是戊辰月、丙午日；2014 年的八月十五中秋节，是公历的 9 月 8 日，即是癸酉月、壬午日。有个成语，叫做“寅吃卯粮”，出自晚清李宝嘉的《官场现形记》第十五回：“就是我们总爷也是寅吃卯粮，先缺后空。”卯年是寅年的下一年，寅年吃了卯年的粮食，就是这一年吃了下一年的粮。用来比喻因为经济困难，入不敷出，而预先支用了以后的进项。大家可以试着罗列一下十个天干和十二个地支，自己动手把六十种组合方式依次写出来，到了最后一个是“癸亥”，然后又接上“甲子”。懂得了方法，就可以推算任何一年、任何一月、任何一日的干支表示了。我们常说过了“一个甲子”，就是指过了这一个天干地支的组合周期，也就是六十年。

中国人讲究天人合一，可以说在任何一种认知上都有体现，天干地支的建立同样是如此。“干”与“枝”，本是树木的不同部位，一棵参天大树，就是由树干和树枝为筋骨构造连接起来的。天干就仿佛树干，以天为本，地支就仿佛树枝，从属于天，并能够延展开来。

这二十二个符号所使用的汉字的字形或读音，也是大有讲究，都表示着不同的自然现象。在东汉文字学家许慎的《说文解字》中，就把“天干”、“地支”都解释为万物在一年中由萌发到生长到成熟直至衰亡的循环系统，并配合以阴阳五行思想。

“甲”，它的形象像是人头，象征草木破土而萌发。“乙”，它的形象是草木初生，枝叶柔软弯曲，开始伸出芽苗。“丙”，与“柄”同音，表示植物的茎长出来了。“丁”，像是植物长出横枝，开始强壮，“人丁”也是用的此意。“戊”，就是茂盛，象征草木茂盛。“己”，与“起”谐音，万物兴起。“庚”，与“更”同音，植物成熟后收获更替。“辛”，是一种味道，万物成熟，而后有滋味，它又与“新”同音，万物经过了“庚”的更替，开始踏上新的趋向。“壬”，与“妊”同音，阳气潜伏起来，如妊娠一样，蕴藏积存。“癸”，与“揆”谐音，揆是度量、整理的意思，预备下一次萌芽，周而复始。

再来看地支。“子”，与“孳”谐音，孳是滋生、繁殖的意思，代表阳气开始孳生。“丑”，就是“纽”，寒气屈曲。“寅”，就是“濥”，意思是水在地下潜行的样子，这时阳气发动，跃跃欲出，却又未出。“卯”，与“冒”谐音，万物改变了收敛的状态，开始冒出来。“辰”，与“伸”谐音，指万物开始伸张。“巳”，象征阳气达到极点又回复的形态,故有"终"的意思。"午",与"仵"谐音,是对等、匹敌的意思,表示阴阳相交。未,与"味"同音,万物有滋有味,即将长成。"申",与"伸"谐音,万物成体。"酉",与"就"谐音,表示万物成熟。"戌":是灭,此时万物皆衰灭。"亥",是指"核",万物收藏,仿佛坚核。

天干地支看似是非常抽象的符号,但是它们每一个字的由来,原来都与我们身边的春生夏长、秋收冬藏息息相关,是与我们的生产生活联系得很紧密的。中国的历法,是取之于自然,又用之于自然,所以能如此深入地触到自然的脉搏,它是我们的祖先用群体的高超智慧凝炼出来的规律,是以农业立国的中华大地的隐形筋络。

十二辰

利用十二地支来纪时,划分一个昼夜,就是我们经常说的"时辰"了。子、丑、寅、卯、辰、巳、午、未、申、酉、戌、亥,十二个"地支"依次对应一昼夜当中平分成十二份的时间段,对应到当代的十二小时制,就是前半夜 11 时至 1 时,为"子时";午夜 1 时至 3 时,为"丑时";后半夜 3 时至 5 时,为"寅时";早上 5 时至 7 时,为"卯时";上午 7 时至 9 时,为"辰时";9 时至 11 时,为"巳时";11 时至下午 1 时,为"午时";中午 1 时至 3 时,为"未时";3 时至 5 时,为"申时";下午 5 时至 7 时,为"酉时";晚上 7 时至 9 时,为"戌时";9 时至 11 时,为"亥时"。

十二地支对应十二个时辰只是普遍的用法,时辰还有许多讲究。最初的时候,一天是不分为 12 段的,殷商武丁时,把一昼夜分为 8 段,即大明(天明)、大采(天亮至大食前)、大食(第一餐)、中日(中午)、昃(日偏西)、小食(第二餐)、小采(第二餐以后至夜晚以前)、夕(夜晚)。祖甲时,把“夕”改为昏、妹(昧)、兮(曦)3个时段,一天就成了10段,到了周代,才分为12段:日出、食时、隅中、中日、日昃、哺食、日入、黄昏、人定、夜半、鸡鸣、平旦。到了汉代,才有了我们通常所说的与地支相对应的十二个时辰:卯(日出)、辰(食时)、巳(隅中)、午(中日)、未(日昃)、申(哺食)、酉(日入)、戌(黄昏)、亥(人定)、子(夜半)、丑(鸡鸣)、寅(平旦)。到了唐代,还开始以十二时辰对应十天干相配,每5天一周,然后再循环。到了宋代以后,把十二时辰中每个时辰平分为初、正两部分:子初、子正、丑初、丑正、寅初、寅正、卯初、卯正、辰初、辰正、巳初、巳正、午初、午正、未初、未正、申初、申正、酉初、酉正、戌初、戌正、亥初、亥正,这样就把十二份又拆分为二十四份,这与我们现在的一天二十四小时是一致的。

十二个时辰与一昼夜相配,每个时辰都表示一天中不同的时间段,古人对时辰与天象的配合非常重视,贯穿着阴阳、日月、日夜的循环思想。比如吴承恩《西游记》的第一回《灵根育孕源流出,心性修持大道生》,就说到:“且就一日而论:子时得阳气,而丑则鸡鸣;寅不通光,而卯则日出;辰时食后,而巳则挨排;日午天中,而未则西蹉;申时晡而日落西;戌黄昏而人定亥。譬于大数,若到戌会之终,则天地昏曚而万物否矣。”我们再来分别看看十二辰。

子时,又叫做夜半、子夜、中夜,是十二时辰的第一个时辰,即二十四小时制的23时至1时。子时正当夜半,人们常将子夜作为夜晚的代名词。在中国的古乐府中,《子夜歌》是重要的一种曲目,历代皆有许多创作。因它主要在吴地流行,也称《子夜吴歌》。李白写过一首《子夜吴歌·秋歌》,非常著名:“长安一片月，万户捣衣声。秋风吹不尽，总是玉关情。何日平胡虏，良人罢远征。”长安城里的女子们，在夜半之时萧飒的秋风里，想念着远方的征人，辛勤地制作冬衣，诗中景象阔大，情思深沉。茅盾先生曾以“子夜”为名，创作了一部宏伟的长篇小说，全景式地展现了 20 世纪 30 年代动荡的中国社会。

丑时，又叫做鸡鸣、荒鸡，是十二时辰的第二个时辰，相当于 1 时至 3 时。在《诗经 · 齐风》中，有一首写鸡鸣之时的非常有趣的诗：“鸡既鸣矣，朝既盈矣。匪鸡则鸣，苍蝇之声。东方明矣，朝既昌矣。匪东方则明，月出之光。虫飞薨薨，甘与子同梦。会且归矣，无庶予子憎。”这首《鸡鸣》，全篇以对话形式，写妻子在鸡鸣的时候，一再催促在朝中工作的丈夫起身，丈夫不想起，就推脱说不是鸡叫，而是苍蝇叫。妻子又说东方都亮啦，丈夫说不是东方亮，而是月光明。这种早起时发生在夫妻之间令人莞尔的生活场景，该是许多家庭都经历过吧？唐代诗人白居易有一首《醉歌》，非常巧妙地嵌入了丑时、酉时两个时辰：“罢胡琴，掩秦瑟，玲珑再拜歌初毕。谁道使君不解歌，听唱黄鸡与白日。黄鸡催晓丑时鸣，白日催年酉前没。腰间红绶系未稳，镜里朱颜看已失。玲珑玲珑奈老何，使君歌了汝更歌。”“黄鸡催晓丑时鸣”，便是说丑时是鸡鸣之时，仿佛催促着天快亮，“白日催年酉前没”，便是说酉时是日落之时。诗人将歌曲与时辰相结合，用鸡鸣和日落喻指时间易逝、人生渐老。

寅时，又叫做平旦、黎明、平明、早晨、日旦、旦时等，这是天将明未明的时候，相当于 3 时至 5 时。明末清初的朱柏庐《朱子治家格言》，开篇即言：“黎明即起，洒扫庭除，要内外整洁。”中国古人要求夙兴夜寐，早起劳作，是很有传统的。黎明处在破晓之前，与光明离得很近，所以黎明常常用来比拟走向光明或胜利的时刻。

卯时，又叫做日出、日始、破晓、旭日，此时太阳初升，相当于5时至7时。古时，衙门卯时开始办公，官员查点人数叫“点卯”，吏役听候点名叫“应卯”，签到称为“画卯”，点名册称为“卯册”，都带着个“卯”字，一天的工作在此时正式开始了。《红楼梦》第五十八回《杏子阴假凤泣虚凰，茜纱窗真情揆痴理》说“尤氏虽天天过来，也不过应名点卯，亦不肯乱作威福”，这里的点卯，就是化用官衙的典录用语，表示按时到达的意思。

辰时，又叫做食时、早食等，就是吃早饭的时间，相当于7时至9时。唐代诗人刘得仁有一首《晏起》：“日过辰时犹在梦，客来应笑也求名。浮生自得长高枕，不向人间与命争。”诗人在辰时未起，就算是晚起了，客人来访还要笑他，现在人们工作一般是朝九晚五，只要离工作地点不是太远，一般不用像古人要“点卯”，而是在辰时起床了。至于到了休息日，晏起会到了什么时辰，那可真不好说啦。

巳时，又叫做隅中、日禺等，相当于9时至11时。《西游记》第六十一回《猪八戒助力败魔王，孙行者三调芭蕉扇》载八戒道：“哥哥，你昨日巳时离了师父，怎么到申时才与他斗起？你那两三个时辰，在那里的？”从巳时到申时，中间还有午时和未时，所以如此说。

午时，又叫做日中、日正、中午等，相当于11时至13时。这是太阳运行到天空中央的时候，《诗经·邶风·简兮》便说道：“日之方中，在前上处。”所以有一个成语“如日中天”，正是说的这种天象，也用以比喻事物正发展到十分兴盛的阶段。近代诗人丘逢甲的《为潮人衍说孔孝丁鮀浦，伯瑶见访有诗，次韵答之》，有一句“重提孔子尊王义，如日中天万象看”，就是用日到中天的形象，来比喻中国传统思想的光辉。

未时，又叫做日昳、日跌、日央等，太阳开始偏西，相当于 13 时至 15 时。《宋史 · 律历志》记载了当时五更发鼓的唱词：“朝光发，万户开，群臣谒。平旦寅，朝辨色，泰时昕。日出卯，瑞露晞，祥光绕。食时辰，登六乐，荐八珍。禺中巳，少阳时，大绳纪。日南午，天下明，万物睹。日昳未，飞夕阳，清晚气。晡时申，听朝暇，湛凝神。日入酉，群动息，严扃守。”未时，虽然只是刚刚过了正午，但是阴气已经渐盛了，中国人的思维总是非常前瞻的，要未雨绸缪，所以我们看到到了未时，人们的行动已经开始倾向于收敛了。

申时，又叫做晡时、日铺、夕食等，相当于 15 时至 17 时。《水浒传》第十六回《杨志押送金银担　吴用智取生辰冈》说“今日杨志这一行人，要取六月十五日生辰，只得在路途上行。自离了这北京五七日，端的只是起五更，趁早凉便行，日中热时便歇。五七日后，人家渐少，行客又稀。一站站都是山路。杨志却要辰牌起身，申时便歇。那十一个厢禁军，担子又重，无有一个稍轻。天气热了，行不得，见着林子便要去歇息。杨志赶着，催促要行”。当时正是三伏天，辰时起，申时歇，全天最热的时

日晷

候就包含在里面，难怪士兵要抱怨。为什么不像开始时趁早凉走呢？原来刚开始时是比较安全的地面，可以挑凉快的时辰走，到了这时，进入到了危险的环境里，却是不能晚上行进了。

酉时，又叫做日入、日落、日沉、傍晚等，是太阳落山的时候，相当于17时至19时。古代的启蒙教材《增广贤文》有一句："莫饮卯时酒，昏昏醉到酉。莫骂酉时妻，一夜受孤凄。"说的很有意思，日出时不能喝酒，否则直到傍晚都是昏昏沉沉的，日落时不要骂妻子，否则一晚上她都不理你。多么富有生活的谐趣。日落之时的夕阳是中国诗人最常吟咏的意象之一，诞生出许多佳篇，构成了一种独特的审美意蕴。其中元代著名杂剧家、散曲家马致远的《天净沙·秋思》，勾勒出来一幅冷寂清幽的秋日傍晚之景："枯藤老树昏鸦，小桥流水人家，古道西风瘦马。夕阳西下，断肠人在天涯。"

戌时，又叫做黄昏、日夕、日暮、日晚等，太阳落山，天地昏黄，故称黄昏。相当于19时至21时。唐代诗人李商隐的五言绝句《乐游原》，是家喻户晓的名篇："向晚意不适，驱车登古原。夕阳无限好，只是近黄昏。"他所写的，正是酉时和戌时相交时的晚景，夕阳的美动人心魄，但是它就快要落下去，进入黄昏。诗人借由夕阳与黄昏的意象，表达了对美好时光短暂而逝的深深感伤，这甚至被看做是对曾经盛极一时的唐王朝走向覆灭的预言。

亥时，又叫做人定、定昏等，人们开始安歇了。相当于21时至23时。唐代诗人李宣古有一首《赋寒食日亥时》："人定朱门尚未开，初星粲粲照人回。此时寒食无烟火，花柳苍苍月欲来。"人定，就是亥时，人们安定下来，停止活动，星星亮起来，月儿也渐渐爬上来。到了亥时过去，就又是下一个子时了。十二个时辰，朝朝暮暮，寒来暑往，几千年来，留在了世世代代的中国人的人生刻度里，是那古老的齿轮，滴滴答答，永不停歇。

夜鸣更鼓

说完了时辰，不得不说更、点，时辰是贯穿全天的，更、点只对应夜晚。古人将一夜分为五更，戌时（19 时至 21 时），为一更；亥时（21 时至 23 时），为二更；子时（23 时至 1 时），为三更；丑时（1 时至 3 时），为四更；寅时（3 时至 5 时），为五更。每更就是一个时辰，相当于现在的两个小时，即 120 分钟。按更击鼓报时，又把每更分为五点。每更又平分为五，所以每点只占 24 分钟。

宋代诗人张继先写了五首《度清霄》，分别写五更时的城中夜色，非常细腻传神：

一更一点一更初。城门半掩行人疏。茅庵潇洒一事无。孤灯相对光清虚。蒲团安稳身不拘。跏趺大坐心如如。月轮微出天东隅。空中露出无名珠。

二更二点二更深。宫钟声绝夜沉沉。明月满天如写金。同光共影无昏沉。起来闲操无弦琴。声高调古惊人心。琴罢独歌还独吟。松风涧水俱知音。

三更三点三更中。烟开雾敛静无风。月华迸入水晶宫。四方上下同一空。光明遍转华胥同。千古万古无初终。铁蛇飞舞如流虹。倒骑白凤游崆峒。

四更四点四更长。迎午迸鼠心不忙。丹炉伏火生新香。群阴剥尽回真阳。金娥木父欢相当。醍醐次进无停觞。主宾倒置情不伤。更阑别去还相忘。

五更五点五更残。青冥风露逼人寒。扶桑推出红银盘。城门依旧声尘喧。明暗二景交相转。生来死去纷易换。道人室中天宇宽。日出三竿方启关。

一更至五更处在深夜，本是人们睡眠之时，若此时不睡，体味静夜，真是能感受到与喧嚣的白日所截然不同的环境与心境。苏轼也写过一组诗《江月五首(并引)》，他当时身在岭南，当地的气候时令与中原不同，到了农历九月，残暑方退，过了九月十五，月出的时间愈加推迟。诗人因为此种独特的天象，而写了五首诗，也以五更为线索，分别写出月色下的美景：

一更山吐月，玉塔卧微澜。正似西湖上，涌金门外看。冰轮横海阔，香雾入楼寒。停鞭且莫上，照我一杯残。

二更山吐月，幽人方独夜。可怜人与月，夜夜江楼下。风枝夕未停。露草不可籍。归来掩关卧，唧唧虫夜话。

三更山吐月，栖鸟亦惊起。起寻梦中游，清绝正如此。驱云扫众宿，俯仰迷空水。幸可饮我牛，不须违洗耳。

四更山吐月，皎皎为谁明。幽人赴我约，坐待玉绳横。野桥多断板，山寺有微行。今夕定何夕，梦中游化城。

五更山吐月，窗迥室幽幽。玉钩还挂户，江练却明楼。星河澹欲晓，鼓角冷知秋。不眠翻五咏，清切变蛮讴。

五更，寅时，是天将明未明的时候，常说的“四更造饭，五更开船”，相当于现在的1时至3时做饭，3时至5时开船。苏轼《二十六日五更起行至磻溪未明》，便形象地写出了此时出行的人们所看到的天色："夜入磻溪如入峡，照山炬火落惊猿。山头孤月耿犹在，石上寒波晓更喧。至人旧隐白云合，神物已化遗踪蜿。安得梦随霹雳驾，马上倾倒天瓢翻。"

古人没有手表、闹钟，有了更，便需要有人报时，因此形成了我国古代的一种夜间报时制度——打更，还产生了一种巡夜的职业——更夫。更夫在每天夜里，用敲竹梆子或敲锣的方式，来提醒人们时间。他们晚上要守着滴漏或燃香，用来计算准确的时间。更夫通常两人一组，一人手中拿锣，一人手中拿梆，打更时两人边走边敲。每个更到了，都要敲一次，一夜敲五次。打更的方法也有讲究，打一更（19 时）时，是一慢一快，声音如"咚！——咚！"；打二更（21 时）时，连打两下，声音如"咚！咚！"；打三更（23 时）时，要一慢两快，声音如"咚！——咚！咚！"；打四更（1 时）时，要一慢三快，声音如"咚——咚！咚！咚"；打五更（3 时）时，一慢四快，声音如"咚——咚！咚！咚！咚！"。每次打更，都要连打三遍，就可以结束了。打更时更夫还经常说一些提醒大家注意的话，比如"天干物燥，小心火烛"、"寒潮来临，关灯关门"等等。

通过五更，我们便知道古人认为夜晚就是从戌时到寅时，也就是从晚上 19 点到第二天早上 5 点。古人日出而作，日落而息，人的作息时间与太阳的运行、日夜的更替是一致的，这与当代人有所区别。因为古代没有电，虽然夜间也有照明的方法，但毕竟不像现在这样方便。再加上，中国人的传统养生哲学，也认为夜晚是应该收敛蓄积的，五脏六腑都可以在夜间的睡眠中得到保养。所以，便形成了白天劳作，日落就休息的习惯。睡得早，因而起得早，五更天的时候，现代人还在睡梦中呢，古人就要起床了，太阳出来了，就应该兢兢业业，努力工作了。所以打更也就打到五更，接下来天亮了人们起身了，也就不用打更了。

说了更和点，还要说到“刻”。古代有一种计时方法，就是用漏壶。漏壶有播水壶和受水壶两部分。播水壶有小孔，滴水而下，流入受水壶。受水壶里有一支立着的箭，箭上有100份刻度，随着受水壶里的水位逐渐上升，刻度数也不断变化，以此来显示出时间。一昼夜分为100刻，换算成现在的一昼夜1440分钟，那么每刻相当于14.4分钟。因为它比较接近于我们现在将一小时平分为四的15分钟，所以我们现在所说的“刻”也成了15分钟，其实，古代的刻是略少的。我们现在说“两点一刻”，就是2时15分；古时说“午时三刻”，按照传统的时刻，就应该是中午11时43.2分。

生肖小语

将十二地支与十二种动物对应起来，就形成了十二生肖，又叫做属相——子：鼠；丑：牛；寅：虎；卯：兔；辰：龙；巳：蛇；午：马；未：羊；申：猴；酉：鸡；戌：狗；亥：猪。每一个地支与动物的组合，对应一年，这样，十二年一个循环，每个人都根据出生年而有自己的属相。如果知道一个人的出生年，就能知道这个人的属相；如果知道一个人的属相，也能推算他的出生年。生肖在中国人的心目中是很重要的，从一出生开始就与自己相伴终生。宾朋见面，常常会询问：“你是属什么的？”这样，就可以知道对方的年纪，到底是称兄还是道弟，就知晓了，这比径直问人家的年龄，显然要文雅、有礼貌的多。十二年一轮回，到了自己的本命年，也就是十二岁、二十四岁、三十六岁、四十八岁、六十岁、七十二岁、八十四岁等时候，就会特别在意，一方面，看到大家张贴的、制作的，都是以自己的属相为造型的画像、玩偶，很是喜庆，另一方面，中国人认为本命年要特别留心突然事件，所以还要系红腰带、穿红袜子等来辟邪。过去了一个本命年，仿佛自己的人生又进入了一个新阶段。

十二生肖的来历有很多种说法。相传以十二种动物代表十二地支，是从西汉文人东方朔开始的。东汉学者王充的《论衡·言毒篇》，也提到了十二种动物的名称。将动物与历法结合起来，首先我们依然可以看出贯穿在中国人几乎所有的思维方式中的天人合一的观念，向自然取法，另外也很可能与原始部落的图腾有关。古代各部落都会选一种特别惧怕或者特别喜爱的动物，来作为本部落的标志。另外十二生肖既然与十二地支相配，它的内涵中也必然包含着昼夜之间天象人事的变迁思维。

人们在以十二地支配合十二时辰的时候，不仅仰观天象，而且俯察地貌，依照十二种动物的生活习惯和活动的时辰，来将它们与十二时辰结合起来。夜间 11 时至次日凌晨 1 时，为子时。半夜里老鼠趁夜深人静，频繁活动，故称“子鼠”。凌晨 1 时至 3 时，为丑时。牛在此时反刍，故称“丑牛”。凌晨 3 时至 5 时，为寅时。虎啸声常在此时响起，故称“寅虎”。清晨 5 时至 7 时，为卯时。兔子喜欢吃带有露水的青草，就在此时出动，故称“卯兔”。早晨 7 时至 9 时，为辰时。此时多起雾，传说龙喜欢腾云驾雾，故称“辰龙”。上午 9 时至 11 时，为巳时。太阳冉冉上升，蛇出洞觅食，故称“巳蛇”。中午 11 时至 1 时，为午时。正午时分，马比较活跃，喜欢奔腾，故称“午马”。午后 1 时至 3 时，为未时。羊喜欢在此时吃草，故称“未羊”。下午 3 时至 5 时，为申时。猴子喜在此时活动，故称“申猴”。下午 5 时至 7 时，为酉时。鸡在此时回窝，故称“酉鸡”。傍晚 7 时至 9 时，为戌时。人们开始休息，狗开始守夜，故称“戌狗”。夜间 9 时至 11 时，为亥时。万籁俱寂，能听见猪拱槽的声音，故称“亥猪”。十二时辰与十二种动物就这样搭配了起来，后来，人们又用这种组合来纪年，所以就有了属相。人们根据这些动物的习性，为属相与人的性格之间又添上了许多联系，比如属鼠的人很聪明，属牛的人很勤奋，属虎的人较勇猛，属猴的人较灵活，属狗的人多很忠诚，属猪的人都随和，等等。甚至两家结亲时还要互问属相合与不合，乃至结交朋友时都会牵连起来。到了现代，西方的星座学说进入之后，人们又常把属相和星座结合起来，用来推断运势、计算缘分等等。虽然，这种结合免不了生搬硬套的嫌疑，但是属相的广泛代表性，早已成为民俗文化中不可分割的一部分，姑妄言之，倒也是有乐趣的谈资。十二生肖习俗，也早已传入周边国家，现在日本、朝鲜、韩国、哈萨克斯坦、吉尔吉斯斯坦、蒙古、不丹、越南、泰国、老挝、菲律宾、新加坡等国家均有与我国相同或类似的生肖习俗，进入到当地的民族文化。许多没有生肖传统的外国友人，在来到中国或接触中国传统文化的时候，也常常满怀好奇地推算自己的生肖，了解这种动物在中国的寓意。生肖不仅是中国民俗文化的重要内容，也成为了沟通中国文化对外交流的一座桥梁。

（宋）佚名《柳塘呼犊图》（现藏于台北“故宫博物院”）

万紫千红总是春

福星高照（春节）

辞旧迎新之际，几乎天天是节日，腊月二十三或二十四又称“小年”，这天要祭灶王爷，进行大扫除；除夕要吃年夜饭、守岁；初一要拜年；初二迎财神；初五俗称“破五”，是开市的日子；初七是人日；初九是天日；正月十三祭虫王，正月十五元宵节；一直到二月二龙抬头，年才算是过完了。春节时，家家户户都会在门窗上贴上“福”字，中国汉字里表示吉祥的字很多，福可以说是其中最为重要、最为常用的一个，福如东海、福星高照、五福临门、福禄双全、洪福齐天等等，都是节日里常用的吉祥话。“福”这个字，是一个会意字，在甲骨文里，它的字形是左上角一个酒樽，下面一双手，右上角一个“示”字，表示双手捧着酒樽献祭。金文中就把双手省略了，形成了后来使用的这个字体。以酒献祭，“福”的本义是求福，所以又引申为幸福。

春节贴福字，民间传说是起源于明太祖朱元璋时期。在我国古代，有一种病态的审美，就是妇女的缠足。然而淮西妇女却多不缠足。明太祖朱元璋的皇后就是淮西人，她的一双大脚没有被缠足，这就是历史上有名的“大脚马皇后”。有一年春节期间，朱元璋微服出访，体察民情。来到一个镇上，看到许多人围着一幅画嬉笑，原来这幅画上画着一个大脚女人，还抱着一个大西瓜。朱元璋一下子气就来了，他认为这是在取笑他的皇后是大脚，也就是在取笑他。盛怒之下他要惩罚那些围观的百姓，回宫后，他通知下去，没有围观的住户，都一律在他们的家门口贴上一个“福”字，以示区别，没有贴的，就要惩罚。然后，士兵们便以此为据，到没有“福”字的百姓家里捉人问罪。大家很聪明，都在自家门上贴上“福”字。从此以后，每逢春节，家家户户都在门上贴上一个“福”字，这个习俗一直流传至今，成为了春节时分的一道风景。很多时候还把这个“福”字倒着贴，意为“福到了”。

清朝康熙皇帝为给得了重病的孝庄皇太后祈福，写过一个特别的“福”字。这是在原有的字形上做了一些巧妙的改变，使得这个字整个看是个“福”，分开各个部分看，又能看出好几个字，从而有了“多子、多才、多衣、多田、多福、多寿”的多重含义。写成之后，康熙又令工匠将它雕刻在一块大青石上，然后他在此福字碑上跪求，孝庄皇太后的身体真的康复了。这个独特的“福”字被尊为“天下第一福”，后来乾隆皇帝把它赐给了宠臣和珅，自此这块福字碑就放置在和珅的府第里。后来，这座府第又被恭亲王奕䜣使用，这个“福”字现在依然在恭王府里，是游人必到之处。

春节

春节到，普天同庆，

迎春接福，红彤彤的纸上，写下吉祥的福字，大街小巷里串连成一篇福的海洋。但愿普天下的人们，共享福祉，福气又安康。

爆竹声中一岁除（春节）

爆竹，又叫做“爆仗”、“炮仗”、“鞭炮”。在新的一年到来之际，从零点钟声敲响开始，家家户户都会燃放爆竹，自家的爆竹声，应和着周边人家的爆竹声，大家在普天同庆的时刻，不约而同，在这声响里辞旧迎新。爆竹在我国的起源很早，至今已有两千多年的历史。南朝梁代的宗懔在记录古代楚地岁时节令风物故事的笔记《荆楚岁时记》中，记载到：“正月一日……鸡鸣而起，先于庭前爆竹，以避山臊恶鬼。”可见，爆竹本是一种驱瘟逐邪的工具，利用它的声响，来使瘟神恶鬼害怕。鞭炮的起源，还另有一个传说。古时候，人们在深山中露宿的时候，都要点上篝火，起到煮食取暖和防止野兽侵袭的作用。然而，山中有一种叫做“山魈”的动物，它既不怕人也不怕火。人们为了对付它，就想出了用声音来恐吓的办法。人们点燃竹节，用爆裂声把山魈吓走。后来随着我国四大发明之一的火药出现，人们将硝石、硫磺和木炭等填充在竹筒内燃烧，就产生了“爆仗”。到了宋代，人们用纸筒和麻茎将火药包裹起来，编成串，做成“编炮”，后来就叫做“鞭炮”，这就和我们现在的鞭炮一样了。

随着爆竹形态一步一步地发展，燃放爆竹的风俗流传越来越广，人们除了在除夕和大年初一时燃放爆竹，每逢重大事件，诸如元宵节、端午节、中秋节以及迎神、送鬼、婚嫁、丧葬、建房、开张、迎接等时候，也要燃放爆竹。爆竹的品种也日见繁多，还形成了许多以爆竹为主要产业的“花炮之乡”，如湖南浏阳、广东佛山和东莞、江西的宜春和萍乡以及浙江温州等地。爆竹不仅是中国人民年节喜庆时的必需品，而且还远销世界其他国家和地区，展现中国的特有民族习俗和艺术。

说到爆竹，便不能不提烟花。烟花和爆竹的原理很相似，它不像爆竹那样有连续的响声，但花样更多，色彩更绚丽，观赏价值更高，艺术因素更多。它们有的很小，放在地面上，孩子们捂着耳朵小心翼翼地点燃它，喷出彩色的火焰，引得大家惊呼欢笑。它们有的可以升到很高的空域，人们仰头观赏，那硕大的花朵绽放在高空，壮美灿烂。它们可以被做成很多的形状，2008 年奥运会开幕式的开篇，从北京中轴线上踏过的脚印形如烟花，就令人印象深刻。

作为传统民俗，从 1961 年 6 月开始，我国以鸣放礼炮作为国际礼节，后来停止过，自 1984 年 3 月起，为外国国家元首和政府首脑举行欢迎仪式时，恢复鸣放礼炮。鸣放礼炮起源于英国，由于当时最大的战舰装有大炮 21 门，所以鸣炮 21 响就成了一种最高礼节。我国也以鸣放 21 响礼炮作为外国国家元首来访时的礼遇。

鞭炮

烟花如此美丽，却又如此短暂。大自然的花朵，已经是容易凋谢的了，烟花的生命比花朵更短暂，但是它用尽自己的生命，在刹那间，释放出毫无保留的光芒，在瞬间表现出极致的美感。这时常令人联想起白驹过隙般的人生，正像这烟花一样，飞鸿雪泥之中，留下很快淡去的痕迹。却也激励人们，在有限的生命里，释放出最大的能量，去触摸美好的极致，只要曾经绚丽过，也可以无憾。

治大国若烹小鲜（春节）

在传统的蒙学教材《千字文》里，有这样几句话："具膳餐饭，适口充肠。饱饫烹宰，饥厌糟糠。亲戚故旧，老少异粮。"平时的餐饭要适合口味，吃饱吃好。宽裕的人家可以常吃到荤食，贫苦的人家酒糟米糠也可以吃饱。亲戚朋友来往，要根据老少不同来分配不同的饭菜，让大家都吃好。这几句话虽然说得非常朴素，但是也表现出了中国人对于食物和烹饪的传统观念，要根据自家的实际情况，合理安排饮食，在充饥的基础上，还要注重口味，并注意不同年龄的人适合不同的饭菜。民以食为天，饮食是人类生存发展最基本的条件。中华民族不仅把饮食当做延续生命的必需品，还把它发展成一门艺术、一种文化。论及饮食的精细程度、丰富种类、内在蕴含，世界上各个民族恐怕都难以望其项背。在一年之初春节的时候，人们就已经开始有了许多饮食上的讲究。我们在整本书的节日和节气文化的介绍中，会涉及到许多与中国饮食、烹饪习俗文化相关的内容，大家可以分别参看。

在这一篇里，我们把看待中国饮食文化的眼光提升到一个高度，来看看《老子》中的一句话。在道家文化的经典文献《老子》的第六十章，说到："治大国，若烹小鲜。"小鲜，就是指小鱼。治理大国，就好像煎小鱼一样。这句话贯彻着老子的无为而治思想。在烹小鱼的时候，不能多搅动，否则鱼就容易碎掉。为政之道，也要清静无为，不能实施虐政扰民害民，而应当使民众各安其生，这样自然会有很好的效果。将治国和做饭联系起来，这真是中国文化的一番创举了。我们的祖先便是这样有趣，对所有的事情都很认真，埋头进去，兢兢业业，却又能抽离了看，琢磨出其中的道理来。治国的方法，事无巨细说过来，自有一派庄严郑重的国之重典。老子的话却也被津津乐道，四两拨千斤的窍门，也在政治的哲学里。百炼钢和绕指柔，竟是可以一起用的，这才是刚柔并济，才是一张一弛。

这用烹饪来讲政治的祖师爷，是商汤的宰相伊尹，他也被看作是我国饮食文化的开创者。伊尹原是有莘氏的家奴，后来商汤娶有莘氏之女，伊尹作为陪嫁过来的佣人，在商汤的厨房里做饭烧菜。后来，伊尹用大雁制作的一道“鹄羹”受到商汤的赏识，原来伊尹不仅是烹调高手，还颇有政治才能，不久，他便成为了商汤的宰相。他辅助商汤灭了夏朝，建立起政治制度，还在汤死后辅佐他的后代帝王，成为商代初年的主心骨式的人物。伊尹由厨师成为政治家的路，可以说是“治大国若烹小鲜”的最好的注解。在战国末年吕不韦和他的门客所编集的《吕氏春秋·本味》篇中，详细记载了伊尹和商汤之间的一次关于饮食的对话。

伊尹用讲述烹饪道理的方式，来引出治国的道理。伊尹向商汤讲最美的味道。说到，在三类动物中，水里的有腥味，肉食的有臊味，草食的有膻味。调味的根本，水是第一位的。甘、酸、苦、辛、咸，是五味，水、火、木，是三材。掌握火候是最关键的。要用火时快时慢来除去腥、膻、臊，而不要失去本味。用五味来调味，也要注意谁先谁后，孰多孰少。煮食的鼎中的味道，它的变化是非常精深的，就好像阴阳化成万物，四时循环更迭一样。要达到的效果是时间久而不坏，熟而不烂，甜而不浓，酸而不过，咸而不害其本味，辣而不烈，浓而不薄，肥而不腻。然后伊尹又列举了肉类、鱼类、菜类、调料、粮食、水、果子，这几种食材中的美味的分布情况。告诉汤，如果不成为天子，是不能具备这些条件的。但要成为天子，也不能勉强而为，要先明了大道。明道首先是对自己，自己有了仁义之道，就可以成为天子，成为了天子，美味就具备了。所以，观察身边的事，就可以知道远方的事，自己成就了大道，就可以成就别人。圣人之道就如同烹饪一样简要，哪里用费力气做那么多事呢？伊尹这番话，当真绝妙，他看到了商汤对口腹之欲的好奇，就对他讲这些美味是怎么做出来的，烹饪的理论虽然相对微小，但是也包含着许多可以与政治相通的道理，而且这些是发生在商汤身边的，可以用他的味觉感知的，说起来特别形象，也很好接受。最终归结到圣人之道的劝诫，也不显得突兀。

伊尹所总结出来的烹饪规律，是中国最早的对烹饪理论的论说，他提出的甘、酸、苦、辛、咸五味，也最早。他还阐述了各种动物与植物原料的特性，阐述了火功和调味在烹饪中的重要作用。伊尹在中国烹饪史甚至世界烹饪史的发展中都起着极为重要的作用，被尊为“烹调之圣”、“烹饪始祖”和“厨圣”。

伊尹所说到的“鼎”，也是值得留意的。在《周易》中，就有一卦为“鼎卦”，讲的就是烹饪的事。鼎是古代烹煮食物用的器具，鼎卦的卦象是巽下离上，代表着木下火上。鼎卦的《彖辞》曰：“鼎，象也。以木巽火，亨饪也。”“亨”，在这里同“烹”，鼎卦的卦象是以木入火，烹煮食物。因为鼎能够把生的东西煮成熟的，所以也有变化、创新的意思，人们就将鼎卦与它前面的一卦，表示革命的“革”卦，连在一起，组成“鼎革”这个词，表示破旧立新的意思，还有“革故鼎新”、“鼎新革故”这样的成语，也是来源于此。中国的饮食烹饪文化，当真博大精深，也是我们日日要打交道的，大家应该多留心，在能做得一手好菜的同时，还可以了解到其中的许多对其他事情具有指导作用的道理。

春江水暖鸭先知（立春）

立春，在二十四节气中位列第一，在阳历的 2 月 4 日或 5 日，表示春季开始。一年十二个月中，每个月有两个节气，前面的一个叫做“节历”，后面的一个叫做“中气”，节历和中气相交替，各有十五天，后来就把二者合称为“节气”了。二十四节气中，反映季节的是立春、春分、立夏、夏至、立秋、秋分、立冬、冬至，称作“八位”，其中立春、立夏、立秋、立冬，又叫做“四立”，它们将一年划分为春、夏、秋、冬四个季节。另外还有反映温度变化的小暑、大暑、处暑、小寒、大寒五个节气；反映天气现象的雨水、谷雨、白露、寒露、霜降、小雪、大雪七个节气；反映物候现象的惊蛰、清明、小满、芒种四个节气。为了方便记忆，人们将二十四节气编成了歌谣，比较简单的有：“春雨惊春清谷天，夏满芒夏暑相连，秋处露秋寒霜降，冬雪雪冬小大寒。每月两节不变更，最多相差一两天。上半年来六、廿一，下半年来八、廿三。”还有将各个节气的典型物象结合起来的：“打春阳气转，雨水沿河边。惊蛰乌鸦叫，春分沥皮干。清明忙种麦，谷雨种大田。立夏鹅毛住，小满雀来全。芒种五月节，夏至不纳棉。小暑不算热，大暑三伏天。立秋忙打靛，处暑动刀镰。白露烟上架，秋分无生田。寒露不算冷，霜降变了天。立冬交十月，小雪地封严。大雪河汊上，冬至不行船。小寒进腊月，大寒又一年。”“西园梅放立春先，云镇霄光雨水连。惊蛰初交河跃鲤，春分蝴蝶梦花间。清明时放风筝好，谷雨西厢宜养蚕。牡丹立夏花零落，玉簪小满布庭前。隔溪芒种渔家乐，农田耕耘夏至间。小暑白罗衫着体，望河大暑对风眠。立秋向日葵花放，处暑西楼听晚蝉。翡翠园中沾白露，秋分折桂月华天。枯山寒露惊鸿雁，霜降芦花红蓼滩。立冬畅饮麒麟阁，绣襦小雪咏诗篇。幽阖大雪红炉暖，冬至琵琶懒去弹。小寒高卧邯郸梦，捧雪飘空交大寒。”“立春梅花分外艳，雨水红杏花开鲜。惊蛰芦林闻雷报，春分蝴蝶舞花间。清明风筝放断线，谷雨嫩茶翡翠连。立夏桑果像樱桃，小满养蚕又种田。芒种玉秧放庭前，夏至稻花如白练。小暑风催早豆熟，大暑池畔赏红莲。立秋知了催人眠，处暑葵花笑开颜。白露燕归又来雁，秋分丹桂香满园。寒露菜苗田间绿，霜降芦花飘满天。立冬报喜献三瑞，小雪鹅毛片片飞。大雪寒梅迎风狂，冬至瑞雪兆丰年。小寒游子思乡归，大寒岁底庆团圆。”节气反映着气候变化，也与农业生产紧密联系在一起，因而关于二十四节气的农谚也非常多，比如：“立春：东风、解冻、鱼上冰。雨水：冰雪、融化、桃花开。惊蛰：草木、萌动、鸿雁来。春分：芽茶、播种、燕飞舞。清明：细雨、放飞、柳飘絮。谷雨：雨生、百谷、春盎然。立夏：桑枣、灌溉、遍地谷。小满：蚕丝、畜养、麦起身。芒种：收割、播种、鹭助兴。夏至：棉花、现蕾、照眼明。小暑：知了、风轻、汗如雨。大暑：骤雨、孕育、赏红莲。立秋：寒风、飘叶、寒蝉鸣。处暑：葵花、添衣、遍地黄。白露：秋雨、降露、白如银。秋分：桂花、收获、香满园。寒露：鸿雁、南飞、蟹正肥。霜降：芙蓉、花落、叶满天。立冬：收葱、修剪、地始冻。小雪：生炉、白雾、鹅毛飘。大雪：冰凌、河封、腊梅开。冬至：瑞雪、防冻、兆丰年。小寒：冷气、积久、迎腊月。大寒：岁末、辞旧、过大年。”

立春居二十四节气之首，中国文化中对春的重视由来已久。在先秦时期，就有隆重的迎春礼了，《礼记·月令》记载：“立春之日，天子亲率三公、九卿、诸侯、大夫，以迎春于东郊。”汉代朝廷也会郑重地迎春，《后汉书·礼仪志》载：“立春之日，夜漏未尽五刻，京师百官皆衣青衣，郡国县道官下至斗食令史皆服青帻，立青幡，施土牛、耕人于门外，以示兆民。”后代亦皆如此。民间的迎春风俗也很丰富。人们把小旗子挂起来，或在女子头上做装饰，或挂在院落里以及树梢、竹竿上，微风拂来，袅娜招展。宋代辛弃疾的《汉宫春·立春日》说“春已归来，看美人头上，袅袅春幡”，就是描写女子头上的春幡。还会有人敲着小锣鼓，沿路唱着迎春的歌词，挨家挨户送上一张春牛图。这图称为“春帖子”，印有二十四节气和牵牛耕地的图画，提醒大家注意农时，努力耕耘。与牛有关，还有打“春牛”。人们用泥和纸粘成一只“土牛”，一个人扮成主管草木生长的“句芒神”，鞭打春牛，一打风调雨顺，二打国泰民安，三打五谷丰登，这就是“打春”、“鞭春”。放爆竹，叫做“交春”、“接春”。还有“咬春”，在立春日吃春饼，春饼用面烙成，内夹蔬菜或肉，用面皮包起来，从头吃到尾，就是“有头有尾”。“尝春”，是将葱姜蒜椒芥等细细切好摆好，做成“春盘”、“五辛盘”。“啃春”，是嚼萝卜的习俗，也是“垦春”的谐音。春卷也是一定要吃的，卷走春困，抖擞精神。

有一句诗点到了立春时节的特点，就是苏轼的“春江水暖鸭先知”。这是一首题画诗，叫做《惠崇春江晚景》：“竹外桃花三两枝，春江水暖鸭先知。蒌蒿满地芦芽短，正是河豚欲上时。”这一千古名句传神地赋予了画作以生机，细致地抓住了初春的自然变化特点，还透露出一股浓浓的理趣。我们可以从多个角度来理解其中的含义：许多时候，要想领悟到真理，必须依赖亲身实践；争取成功的机会，要不畏困难，当机立断；而身处其中的人，往往能够体会到旁人所并不了解的切身感受。这句诗，与同样出自苏轼之手的“不识庐山真面目，只缘身在此山中”（《题西林壁》），立意相反，却同样深切透彻，将宋诗以说理见长的特点，体现得淋漓尽致。

这句诗还有一段趣事，清代康熙年间的学者毛奇龄批评苏轼这句诗：“春江水暖，定该鸭知，鹅不知耶？”乍听来倒也有理，但是他却忘了，苏轼这首诗是题画诗。惠崇是北宋时期的有名僧人，能诗善画，他画了两幅《春江晚景》，一幅是鸭戏图，一幅是飞雁图。苏轼为这两幅画题诗，也有两首，我们所提到的这一首就是题鸭戏图的诗。所以，苏轼当然要写鸭子，又怎能无中生

（南宋）刘松年《四景山水图·春》（现藏于故宫博物院）

有，写到鹅上呢？

一年之计在于春，立春到了，新的一年又开始了。勤劳的人们，从这打春的日子里，就开始努力吧，一分耕耘，一分收获，金灿灿的果实，正在后面的季节里，等着你呢！

团圆上元丸（元宵节）

“卖汤圆，卖汤圆，小二哥的汤圆是圆又圆；一碗汤圆满又满，吃了汤圆好团圆。”每到了正月十五元宵节，这首民歌《卖汤圆》就会在大街小巷响起来。现在已经少见了沿街的叫卖，但是人们还是会唱着这样的民歌，把汤圆包起来、买回来，伴着正月的喜庆，在团圆的家园里，在圆满的月光下，端着圆圆的小碗，吃着浑圆的糯米汤圆，香甜的味道，蒸腾的水汽，热闹的气氛，加上心中的喜乐，这上元节里元宵宴，当真是年景里不可缺少的。

天上月儿圆，碗中元宵圆，身边家人也团圆。团圆在中国文化中，有着圆满、相会、团结、和美、包容、平等、快乐种种意味。“团”字，繁体字写作“團”，外面的“囗”是“围”的古字，表示包围的意思，里面的“專”，就是是专一的“专”的繁体字。专一而能聚合，聚合而成圆满，自然界许多事物都是圆形的，这是稳定而充实的一种形态，可见从字形上来看，“团圆”这个词饱含深意。元宵节吃元宵，真的把团圆的事儿都凑在一起了。即便是未能回家的游子，也会在这个晚上煮上一锅元宵，即便是分散在世界各地的华夏子孙，也会端起这同一种象征团圆的食物，此时全球的华人，共吃一种食物，中华民族的凝聚力，在这小小的汤圆里，也体现得淋漓尽致。

元宵由糯米制成，或带馅，或实心。传统的馅料有豆沙、黑白芝麻、枣泥、山楂、白糖、五仁等等，现在的种类就更加繁多了。在北方，多是把馅料做成小块，放在盛有糯米粉的竹匾之中，不停摇动，馅料就会沾上糯米粉，形成圆形的汤圆。在南方，则是将糯米研磨成浆后沥干装馅。元宵以软滑为上，所以很讲究糯米原料的工艺。一般要选黏性特强的糯米品种，用水浸泡，连水带米一起在石磨上磨，磨成的糯米粉用纱布袋吊起来沥干，可以冷藏三四天，然后再用来制作汤圆。所以，我们经常听到一个名词叫做“水磨汤圆”，就是这样来的。在食用时，主要是煮，煮熟之后带汤吃，另外煎、蒸、炸等方式，也可以烹调出美味的元宵来。

元宵节一直被看做正月的节日告一段落的标志，现在，正月十五元宵节，也正好处在学生们的寒假末尾，吃完了元宵，看完了花灯，就意味着要开学了。带着暖暖的汤圆的余味，开始新的学期，也应该在学业上好好努力，争取一个圆满的成绩，为将来的圆满人生，打下坚实的基础。

绝妙好辞（元宵节）

元宵佳节，看花灯，猜灯谜，是民俗活动中的重头戏。谜语，是博大精深的汉字文化中的重要组成部分，在各种谜语中，灯谜与民俗有着密切结合，亦庄亦谐，亦雅亦俗，兼及趣味与文化，富含智力与技巧，直到今天仍然活跃在元宵节等节庆中，受到民众的广泛喜爱和参与。

灯谜虽然形式短小，但是其中却蕴藏着大智慧。它的起源，可以追溯到先秦两汉时代的廋辞和隐语，而与灯谜的形式相同的文辞谜语，一般以《曹娥碑辞》为开端。在南朝宋时期的文学家刘义庆编纂的《世说新语·捷悟》篇里，记载了这样一则传说："魏武尝过曹娥碑下，杨修从。碑背上见题作'黄绢幼妇，外孙齑臼'八字，魏武谓修曰：'解不？'答曰：'解。'魏武曰：'卿未可言，待我思之。'行三十里，魏武乃曰：'吾已得。'令修别记所知。修曰：'黄绢，色丝也，于字为"绝"；幼妇，少女也，于字为"妙"；外孙，女子也，于字为"好"；齑臼，受辛也，于字为"辞"；所谓"绝妙好辞"也。'魏武亦记之，与修同，乃叹曰：'我才不及卿，乃觉三十里。'"曹娥碑上刻的八个字"黄绢幼妇，外孙齑臼"，这就是一个字谜的谜面，黄绢、幼妇、外孙、齑臼，各猜一字。"黄绢"，指染色的丝，所以是"绝"子；"幼妇"，指少女，所以是"妙"字；"外孙"，指女儿生的孩子，所以是"好"字；"齑臼"，就是用来盛装和研磨调味料的器具，因为调料像捣碎的姜、蒜等，主要是辛辣的东西，所以齑臼要承受辛辣，就是"受辛"，古时候"辞"字的另一种写法，就是"辤"。四字连在一起，便是谜底"绝妙好辞"。曹操虽然也猜了出来，但他思索了三十里的路程，杨修却是一看到谜面就猜出来的，所以曹操不得不感叹说："我的才力和你相距有三十里。"东汉末年的杨修是曹操身边一位极有才华的谋士，在《世说新语》的同一篇里，还记载了发生在曹操和杨修之间的两则类似于谜语的故事："杨德祖为魏武主簿，时作相国门，始构榱桷，魏武自出看，使人题门作'活'字，便去。杨见，即令坏之。既竟，曰：'"门"中"活"，"阔"字，王正嫌门大也。'""人饷魏武一杯酪，魏武啖少许，盖头上提'合'字以示众，众莫能解。次至杨修，修便啖，曰：'公教人啖一口也，复何疑？'"在门上写"活"字，就是"阔"，而"合"字，就是"一人一口"，杨修用合字、拆字的方式，解了曹操设下的两个谜。"鸡肋"的故事，也同样显示出杨修才思的敏捷：当时曹操征讨刘备，陷入僵局，前进不能取胜，后退又会无功而返，身边人都不知该怎么办。曹操就说了两个字："鸡肋。"大家都不能理解，惟有杨修说："夫鸡肋，弃之如可惜，食之无所得，以比汉中，知王欲还也。"食之无味，弃之可惜，当时的局面就恰似鸡肋。这几个故事，生动地体现出了杨修敏锐的思维、快速的反应，但是它一而再地将曹操自以为得意的谜局揭破，引起了曹操的忌惮，加之曹丕、曹植继承权争夺的背景，最终，杨修死在了猜疑心极重的曹操手里。

斯人已逝，曾经发生在曹、杨之间的斗智场面已经离我们远去了，但是曹娥碑上"绝妙好辞"的谜语成为了中国历史上字谜的源头，自此以后，字谜的世界越来越广阔，在字里行间浩如烟海的谜团里，人们获得了许多乐趣，展现出丰富的文化内涵。

花灯

长倍其身（元宵节）

踩高跷，是我国民间流行的一项杂技运动，年节之时，经常上演，元宵佳节时，也是如此。高跷的来源，有一个民间的传说，有一次三年大旱，颗粒无收，人民处在水深火热之中。皇帝下旨开仓放粮，并命令家里面有存粮的富家开仓赈济。哪知，有一位知府明明有许多存粮，却一粒米都不肯施放出来。当地有一位青年，姓高名跷，决心将粮食偷出来解救灾民。但是，要怎样翻过知府粮仓的高墙呢？这可犯了愁。有一天，高跷上山砍柴，看见一颗树的高处有一团治伤良药冬青，他攀登上树，将它摘下。这让他灵机一动，于是砍下了两根树杈，练习行走。终于练就了将树杈绑在双腿上能行走自如的本领。然后，他就在夜间翻越粮仓的围墙，取出粮食来救济饥民。可惜有一日高跷被发现了，被投入监牢。消息传到乡里，大家苦思良策。有一位老者就提议，全村的青年都学会高跷踩树杈的本领，在法场上营救高跷。果然，在行刑的当天，一大群踩着树杈的青年涌上，帮助高跷逃离了。后来，人们为了纪念这段佳话，就将脚踩树杈的方式取名为“高跷”，流传开来。

在文献中，高跷在春秋时代就已经出现了。《列子·说符》中说，春秋时的宋国有一个叫兰子的人，善于玩耍“高跷”：“宋有兰子者，以技于宋元。宋元召而使见。其技以双枝，长倍其身，属其胫，并趋并驰，弄七剑迭而跃之，五剑常在空中。”“高跷”并不是最初的名字，魏晋时叫“乔人”，隋唐时叫“长跷伎”，南宋称“踏跷”，到明清时期才定名为“高跷”。高跷以脚踏高高的木跷为特征，但也是一门综合艺术。在表演时，表演者可以打扮成各种戏曲人物、神仙百兽的模样，与民间戏曲、游乐结合起来，在展示高跷技巧的同时，表演各种节目。这种表演节目的高跷，称为“文跷”。与之相对应的，是单纯展示高跷技巧的“武跷”。文跷与戏曲接近，武跷则可以算是一种武术了，高超的技巧常令人叹为观止。

高跷的形成，与人们的生产劳作是很有关联的。古老先民制造生产工具的水平有限，不像我们现在有许多的机械，但是，他们也非常会因地制宜，利用坚韧的树枝来绑在脚上，可以使人们有限的身高得到加长。这样，许多平时够不到的地方，就可以轻易触及了。一些高处的果实、草药、巢穴等，就可以借由高跷来摘取，带来许多便利。人们在劳作过程中的使用，又逐渐过渡到娱乐竞技的领域，可见我们祖先的劳动虽然筚路蓝缕，劳动非常辛苦，但却是充满了智慧、蕴含着乐趣的。他们能够在劳动过程中发掘出休闲的因素，将两者结合起来，劳逸之间，其乐融融。中国的许多娱乐、竞技活动都是来自于生产、生活之中，寄托着健康的心态、活泼的性格、聪慧的技巧，我们应该好好继承、好好借鉴。

旱船遥似泛（元宵节）

船都是行进在水中的，“旱船”却是陆地上的船，将“不可能”通过某种方式变成“可能”，这可是艺术的惯用手法。划旱船，也称跑旱船、跑彩船，是一种在陆地上模拟水中行船的民间舞蹈，它流行于我国的很多地区，像元宵节这样上演许多游乐活动的大节日，旱船表演往往是少不了的。人们依照船的外观，制成一个船形木架，周围罩上彩布，布的颜色类似于水，或是径直绘上水纹。这彩布系在一位作为演员的姑娘的肩和腰上，看起来她像是坐在船里的船姑一样，姑娘手里还拿着桨，做划行的姿势，船边的彩布遮住了她的腿和脚。当然并不能真的划桨，而是演员在快速地走碎步，这样能使船身保持平稳的状态前进，犹如在水面上的船行一般。一面走，一面还会唱些地方小调，歌词诙谐风趣，使用的伴奏乐器是锣、鼓、钹等打击乐器，也有的地方还加上一两支唢呐，就更加热闹了。载歌载舞之中，旱地上的船就划起来了。有时呢，还会有一个男演员，多半是丑角，扮成船客或艄公，做出各种滑稽的动作，引起看客的欢笑。这旱船总是花花绿绿的，带着彩绸、纸花、彩灯、明镜等等装饰物，演员的衣着也都色彩鲜艳。船还可以往大里做，表演者可以是一人、双人、四人甚至七人共乘一船的。这些演员还会利用一些道具，做一些动作，来模仿出船在波涛中起伏前进的景况，活灵活现。有时还扮演成一些家喻户晓的人物，比如一向被大家看做好色之徒的猪八戒，去讨好旱船里的漂亮姑娘，这造成的喜剧效果，还真能加了倍呢。

据说划旱船习俗的出现也与爱国诗人屈原有关。两千多年前，屈原投江自尽，人们为了纪念他，就在端午节之际形成了赛龙舟的习俗来纪年。赛龙舟我们在后面的端午节的篇章里会介绍到。但是楚国的云梦县，河道窄浅，无法进行龙舟竞技。当地的人们就想了一个办法，用竹子扎成龙舟样子，将街道当做河道，也像赛龙舟一样击鼓喧闹，竹制的龙舟从街市走过，也就当做是赛龙舟了。这就是后来的跑旱船的雏形。

旱船舞蹈看似非常通俗，不登大雅之堂，其实它揭示着我国民间艺术中一条非常深刻的原理，那就是以虚代实、虚实结合的表现手法，最大限度地超脱了表演中的空间和时间的限制。这一点在中国的戏剧、舞蹈等艺术中有着普遍的体现。拿着马鞭，在舞台上行进，便是骑马奔腾了，一日千里，就这样走出来；舞台上没有任何间隔，却可以自然分成两个场景，一边是风花雪月，可闻新人笑，一边是寒夜孤灯，只见旧人哭；疆场之上，千军万马，只要主角与龙套几个回合的审美式格斗，点到即止，就展示出一场惊心动魄的大战了。如此这般，中国的戏剧舞台不需要特别繁复的设计和过多的道具，演员与观众之间自然达成一种默契，我是虚着演，你是虚着看，但这虚中的实，大家都明白。不得不说，在对“艺术”这门艺术的理解上，我们的老祖宗真是高人一等。旱船也是如此，大家都知道这船是假的，这浆不划水，这前前后后上上下下的行进颠簸都是演员做出来的，但是大家依然看得津津有味，这最通俗的民间娱乐，扎根在中国艺术的深厚土壤里，其中亦不乏门道。

未雨绸缪（雨水）

在二十四节气之中，雨水、谷雨、小雪、大雪，都是反映降水现象的节气。雨水，在二十四节气中位列第二，在阳历的 2 月 19 日或 20 日，表示天渐回暖，雨量增多，并且雪渐渐少了，降水开始以雨的形式体现。雨是一种液态降水，是从云中降落的水滴。陆地或海洋表面的水蒸发变成水蒸汽，水蒸汽上升到一定高度后，遇冷变成小水滴，这些小水滴组成了云，它们在云里互相碰撞，合并成大水滴，当它大到空气托不住的时候，就会落下来，这就是雨的形成过程。而雪是由冰晶聚合而形成的固态降水。由雪到雨的转换，关键点就是气温，在二十四节气产生和最为对应的黄河流域，雨水之后，气温一般就升至 0℃以上，所以雪渐少而雨渐多。因此民间有农谚说：“雨水节，雨水代替雪。”“雨水到来地解冻，化一层来耙一层。”

春雨贵如油，春天的细雨像油一样可贵难得。农谚说：“雨水有雨庄稼好，大春小春一片宝。”雨水对农业生产至关重要。

雨水作为常见的自然现象，自古就被先民们认真地观察和总结。《孟子·尽心上》曰："君子之所以教者五：有如时雨化之者，有成德者，有达财者，有答问者，有私淑艾者。此五者，君子之所以教也。"良好的教育、得当的教诲，就好像雨水养育大地，这个比喻后来总结成一个成语——春风化雨。唐代白居易的《长恨歌》中形容杨贵妃"玉容寂寞泪阑干，梨花一枝春带雨"。她哭泣时就像沾着雨水的梨花一样，后来就用"梨花带雨"来形容女子的娇美。雨和风经常相伴而来，古时道士施行法术，号称可以变昼为夜，撒豆成兵，挥剑成河，呼风唤雨，后来就用"呼风唤雨"比喻人具有支配自然的伟大力量，或是具有非凡的本领，也可形容反动势力的猖獗。还有"餐风宿雨"，形容旅途或野外生活的艰苦。"和风细雨"，和风，指春天的微风，细雨，就是小雨。温和的风、细小的雨，用来比喻方式方法温和而不粗暴。与它相对，就有"疾风骤雨"、"暴风骤雨"，风雨来势凶猛，比喻迅猛激烈的斗争。更加惨烈的是"腥风血雨"，风里夹着腥味，雨点带着鲜血，形容疯狂杀戮的凶险气氛。"风雨交加"，指又是刮风，又是下雨，比喻几种灾难同时袭来。"风雨同舟"，指众人在狂风暴雨中同乘一条船，一起与风雨搏斗，用来比喻共同经历患难。"听风就是雨"、"说是风就是雨"，是说有的人刚听到一点儿风声，就当要下雨了。形容听到一点风声就竭力附和渲染的情况，还可以用来比喻那些没有个人主见，人云亦云的人。雨点的细密，还可以形容类似的形象。如"枪林弹雨"，比喻枪杆像树林，子弹像下雨，描绘战斗的激烈场面。"挥汗如雨"、"汗如雨下"，形容十分劳累，或天气很热时汗出得特别多。"泪如雨下"、"泣下如雨"，眼泪好像雨水似的往下流，形容悲痛或害怕之极。雨由云上来，所以将雨和云结合起来，又形成许多掌故。比如"翻手为云，覆手为雨"，简称为"翻云覆雨"，形容人反复无常或惯于玩弄权术。还有云屯雨集、云收雨散、朝云暮雨、云行雨施、云飞雨散等等。

还有一个与雨有关的成语，就是"未雨绸缪"。出自《诗经 · 豳风 · 鸱鸮》："迨天之未阴雨，彻彼桑土，绸缪牖户。"这首《鸱鸮》是一则寓言，描写一只母鸟在猫头鹰的侵凌下失去了自己的孩子，它为了生存，仍然辛勤地筑巢。绸缪，是紧密缠缚的意思。诗句的意思是趁着天上还没下雨，赶紧用桑树根的皮，把鸟巢的空隙缠紧。后来，人们就从这句诗里总结出"未雨绸缪"这个四字成语，比喻做任何事情都应该事先准备，以免临时手忙脚乱。

(明)孙克弘《雨景山水图》
(现藏于广东省博物馆)

明末清初朱柏庐的《治家格言》说："宜未雨而绸缪，毋临渴而掘井。"要在没有下雨的时候就修补好门窗，不要等到口渴时再去挖井。预备的思想，在中国文化中占有重要地位，《周易 · 既济》的《象辞》说："君子以思患而豫防之。"《礼记 · 中庸》言："凡事豫则立，不豫则废。言前定则不跲，事前定则不困，行前定则不疚，道前定则不穷。"《论语 · 卫灵公》说："工欲善其事，必先利其器。"《左传 · 襄公十一年》："《书》曰：'居安思危。'思则有备，有备无患。"这些，都是非常知名的格言，形成的成语词汇也被大家时常使用。在各行各业的工作、生产，以及每个人的人生经历中，都应该时刻保持未雨绸缪、谨慎的思想，才能做到高瞻远瞩，防患未然。

迅雷修省（惊蛰）

惊蛰，在二十四节气之中位列第三，在阳历的 3 月 5 日或 6 日，表示冬眠动物开始苏醒。从惊蛰日开始，可以听到雷声，气温、地温逐渐升高，春耕也开始了。唐代诗人韦应物的《观田家》中有几句记述："微雨众卉新，一雷惊蛰始。田家几日闲，耕种从此起。丁壮俱在野，场圃亦就理。"就是描写惊蛰时节的惊雷和耕种。蛰是藏的意思，寒冬时，动物钻到土里冬眠，叫作入蛰，至来年春天，它们才会钻出土活动。人们认为它们是被雷声惊醒的，所以称"惊蛰"。

雷，是一种常见的天象，天空中的云，会带不同的电，当它们接近时，会产生一种大规模的放电现象，就是闪电。闪电的通道急剧膨胀，产生冲击波退化而成的声波，在闪电发生之后，就发出隆隆的响声。雷在中国文化中，也有重要的含义。"八卦"里，就有"震"，表示雷，由一根阳爻和两根阴爻组成，六十四卦中，又有"震卦"。《震》卦的卦辞，非常有趣，它描述了打雷之时人们的不同反应。有的很害怕，有的哈哈笑着说话，当震惊百里的大霹雳打下来，有的人手里勺子中的酒一点都不会洒出来。《彖辞》来解释这些反应，那些会害怕的，有恐惧谨慎的性格，会招致幸福。能哈哈笑的，后来的行动会有法则。震惊百里的雷，远近都会惊惧，而能如此镇定的人，出仕可以守护宗庙国家，作为社稷的祭主。《象辞》就有了一个总结，震卦，是重复地打雷（震下震上），君子因此恐惧修德反省。我们从中看到了三种态度，一是惊恐，二是照样谈笑，三是非常镇定。卦爻辞的作者比较倾向于哪种呢？可以说各有所长。惊恐的人，比较谨慎，可以得福；谈笑的人，比较乐观，行事时往往有办法；非常镇定的人，可以做国家栋梁，封侯建祀。而《象辞》中的说法，注重“恐惧修省”，其实更加倾向于第一种态度的价值。在《周易》中，卦象为坤下震上（地下雷上）的《豫卦》，将大地与雷结合在一起，更是像惊蛰节气的物象。其中的《彖辞》说道：“天地以顺动，故日月不过，而四时不忒。圣人以顺动，则刑罚清而民服，豫之时义大矣哉！”天地顺着自然而动，所以日月的运行和四季循环都没有差错，圣人顺着自然而动，所以刑罚清明，人民信服。《象辞》说到：“雷出地奋，《豫》。”雷出地动，震动万物。在这震动中，人们应该遵循自然规律，深思熟虑。这让我们联想到《乾》卦的九三爻辞“君子终日乾乾，夕惕若”，和《论语 · 乡党》中的话：“迅雷风烈必变。”说孔子遇到疾雷和大风，一定会改变态度。古人面对雷这样的巨大震动声响，认为是对自己的一种警戒，提醒自己进行反省，磨砺自己的道德修养。这种对待天象的态度，既不是无动于衷，也不是惶惶不安，而是一种谨慎的积极，将天象对人事的借鉴意义发扬出来，时时勉励，时时鞭策，令人敬佩。

厚德载物（春社）

社日，是以祭祀土地神——社神为主要内容的节日。最初的社日是在二月的一个吉利的甲日，后来形成春社和秋社两个社日。春祭是祈雨，希望五谷丰收，秋祭是收获之时，用来报功。汉代以后，社日的时间有过一些变化，逐渐将春社定在立春后的第五个戊日，也就是春分前后；秋社定在立秋后的第五个戊日，也就是秋分前后。

对土地神的祭祀，发源于先民对土地的崇拜。农业一直在我国的物质生产和社会文明中，占有基础性地位。与畜牧业不同，农业是倾向于定居耕种的，所以人们对土地非常依赖，逐渐发展出土地神。我们常说"皇天后土"，皇天，就是指天、天帝；后土，就是指地、土神。在八卦中，三爻皆阳，表示天的《乾卦》之后，便是三爻皆阴的《坤卦》，表示大地。《周易》中的《坤卦》，卦象是坤上坤下，包含着深厚的道理。尤其是《象辞》中的"地势坤，君子以厚德载物"，是对大地的至理名言。万物依靠大地生长，大地广厚负载万物，君子为人，应该效法大地，用深厚的品德来容纳万物。《乾卦》中的"自强不息"与《坤卦》中的"厚德载物"，一阴一阳，一刚一柔，含萃了中国文化最为广大精微的终极思想。我们为人处世，理应时刻受到这样的相辅相成的箴言的指引，才能活出人生的大智慧，达到人生的高境界。

社日，在民间，逐渐加入了许多娱乐的因素，西汉初期的《淮南子》中就已经记载："今夫穷鄙之社也，叩盆拊瓴，相和而歌，自以为乐矣。"就连女子们也会在社日停下针线，参加祭祀和其他活动。唐代张籍《吴楚歌词》就是描写春社中的女子："庭前春鸟啄林声，红夹罗襦缝未成。今朝社日停针线，起向朱樱树下行。"唐代王驾的《社日》，描写了社日会餐的盛况："鹅湖山下稻粱肥，豚栅鸡栖半掩扉。桑柘影斜春社散，家家扶得醉人归。"非常具有热闹欢快的氛围。杜甫用五言古诗的形式，将社日铺展开来："步屧随春风，村村自花柳。田翁逼社日，邀我尝春酒。酒酣夸新尹，畜眼未见有。回头指大男，渠是弓弩手。名在飞骑籍，长番岁时久。前日放营农，辛苦救衰朽。差科死则已，誓不举家走。今年大作社，拾遗能住否。叫妇开大瓶，盆中为吾取。感此气扬扬，须知风化首。语多虽杂乱，说尹终在口。朝来偶然出，自卯将及酉。久客惜人情，如何拒邻叟。高声索果栗，欲起时被肘。指挥过无礼，未觉村野丑。月出遮我留，仍嗔问升斗。”（《遭田父泥饮美严中丞》）从中，我们可以看出，社日不仅仅是祭祀神灵，也不仅仅是一个节日而已，它反映了我国古代劳动人民的勤劳淳朴，充满着浓浓的乡间人情，这一春一秋的两次社祭，是农耕生涯中的必要佐助。南宋大诗人陆游的七律《游山西村》，是古来春社诗中最为著名的一首："莫笑农家腊酒浑，丰年留客足鸡豚。山重水复疑无路，柳暗花明又一村。箫鼓追随春社近，衣冠简朴古风存。从今若许闲乘月，拄杖无时夜叩门。”不要笑话农家腊月里酿的酒浑浊不清，在这丰收的年景里，有足够丰盛的菜肴来款待客人。一座座山、一道道水重重叠叠、弯弯曲曲，正不知何路可走，突然柳阴茂密，鲜花艳丽，眼前，又是另一个山村了。这首诗生动地描绘了丰年里的农村一片欢乐祥和的气象，后人读来，也仿佛置身于这愉悦温暖的民情画卷里，心旷神怡。

社日里，乡里还会请戏班来搭台演出，这便被称为“社戏”。大的村落一村一台，小的村庄常由几个村子联合起来搭戏台请戏班。若是哪个村子搭了社戏，到了演出之时，邻乡的村民们也都会赶过来看，非常热闹。现代作家鲁迅先生就写了一篇著名的文章《社戏》，描写了他少时在故乡绍兴看社戏的经历，其中的童真与乡情感人至深，广为传颂。在这篇作品里，作者说到自己成年后的看戏经历，都是不好的，却只有自己童年时候看的社戏，是好戏。在这个古老的节日里，大人们放下活计，热热闹闹地看戏，孩子们当然也要凑这个场，看懂看不懂，不是重点，凑在一块儿，玩玩闹闹的，没心没肺的少年心性，就在这社日里释放出来了。在文章的结尾，作者的情愫转而深沉："月还没有落，仿佛看戏也并不很久似的，而一离赵庄，月光又显得格外的皎洁。回望戏台在灯火光中，却又如初来未到时候一般，又漂渺得像一座仙山楼阁，满被红霞罩着了。吹到耳边来的又是横笛，很悠扬；我疑心老旦已经进去了，但也不好意思说再回去看。不多久，松柏林早在船后了，船行也并不慢，但周围的黑暗只是浓，可知已经到了深夜。他们一面议论着戏子，或骂，或笑，一面加紧的摇船。……真的，一直到现在，我实在再没有吃到那夜似的好豆，——也不再看到那夜似的好戏了。"曾经的童年，已经远去了，曾经的简单快乐，难以再得。为何人总有一份对童真的留恋？大概就是因为它一旦失去了，就再不能得到了。曾经的社日，承载着多少民间的欢乐，却也渐渐离我们这个民族远去了，节日里仿佛童真一般的单纯快乐，扪心自问，在这喧嚣极速的当代社会，又被我们遗忘在历史的哪一个角落？

中分春一半（春分）

春分，在二十四节气中位列第四，在阳历的3月20日或21日，这是春季的中间。一年中只有两个昼夜等长的日子，就是赤道平面和黄道平面的两个相交点，一个是春分，一个是秋分。春分过后，就开始昼长夜短，直至夏至日到达白天最长、黑夜最短的一天。

"分"字，是一个会意字，外面是一个"八"字，中间是一把刀，用刀把一个东西割开，就叫做"分"。它的本义，就是"分开"，由此，引申出"一半"的含义。"春"字，是一个会意兼形声字。在甲骨文中，它的字形是左右结构的。左边上下为草，中间为日，日在草中，表示大地萌发回春的意思；右边是一个“屯”字，是它的声符。到了金文中，“屯”字移到了中间，变成了上下结构的字。后来“春”的字形有了较大的改变，“日”还保留着，“草”和“屯”的部分合并成了“𡗗”这个形状，就是“春”字了。“春”字的本义就是春季，人们又常用春季和秋季合称为“春秋”，来表示整个一年。春秋时期鲁国的史书就叫做《春秋》，孔子依据它修史，成为儒家经典六经之一。孔子《春秋》的起始时间——公元前 770 年到公元前 476 年，也就被称作“春秋”时期。“春秋”又可以指人的年岁，如春秋鼎盛、春秋正富等。大地回春之时，春光明媚，人们也满面春风，春意盎然。唐代诗人孟郊的《登科后》：“昔日龌龊不足夸，今朝放荡思无涯。春风得意马蹄疾，一日看尽长安花。”描写考中进士后的得意心情，以往的困顿都不值一提了，策马于春光烂漫的长安街道上，格外轻盈，把京城的繁华一日看尽。春光与心情，一样的灿烂明媚，人们便用“春风得意”这则成语，来形容运势亨通、事业顺遂时洋洋得意的心情。白居易的《赋得古原草送别》，几乎是我们最早接触到的唐诗了：“离离原上草，一岁一枯荣。野火烧不尽，春风吹又生。远芳侵古道，晴翠接荒城。又送王孙去，萋萋满别情。”“赋得”是借古人诗句或成语命题作诗，是古人学习作诗、文人聚会分题作诗或科举考试时命题作诗的一种方式。白居易写下这首诗时，还未满十六岁，张固《幽闲鼓吹》记载：“白尚书应举初至京，以诗谒顾著作。顾睹姓名，熟视白公，曰：‘米价方贵，居亦弗易。’乃披卷。首篇曰：‘咸阳原上草，一岁一枯荣。野火烧不尽，春风吹又生。’即嗟赏曰：‘道得个语，居即易矣。’因为之延誉，声色大振。”少年诗人用这野草春风的妙语，打开了诗坛大门。韦应物的《滁州西涧》，是唐诗里的七绝名篇："独怜幽草涧边生，上有黄鹂深树鸣。春潮带雨晚来急，野渡无人舟自横。"西涧是滁州城西郊的一条小溪，春季里河水上涨，称为春潮，小草、山涧、黄鹂、树林、春雨、渡口、小舟，这分明就是一幅趣味天然的春图。郊野的渡口空无一人，只有渡船自在地漂浮，这后两句尤其意境悠然，令人咀嚼不尽。唐代宗广德元年(763)春天，河南河北诸州郡为唐军收复，延续八年的安史之乱结束，流寓梓州的杜甫得知这一消息，写下了杜集中少有的喜悦畅快的诗作《闻官军收河南河北》："剑外忽传收蓟北，初闻涕泪满衣裳。却看妻子愁何在？漫卷诗书喜欲狂。白日放歌须纵酒，青春作伴好还乡。即从巴峡穿巫峡，便下襄阳向洛阳。"青春，指春天的景色，作者想象春天里可以返回家乡了，沿途是宜人的春日景色相伴，多么惬意。青春，我们也用来形容自己的青年时期，风华正茂，就像春天一样生机勃勃。与此诗相比，杜甫在六年前的春天写下的《春望》，则是十分的悲情，构成强烈的对比："国破山河在，城春草木深。感时花溅泪，恨别鸟惊心。烽火连三月，家书抵万金。白头搔更短，浑欲不胜簪。"春到京城，宫苑和民宅却杂草丛生，见花开也落泪，闻鸟鸣也心惊。另一首《春夜喜雨》，是写在成都草堂："好雨知时节，当春乃发生。随风潜入夜，润物细无声。野径云俱黑，江船火独明。晓看红湿处，花重锦官城。"久旱之后的甘霖，在杜甫的笔下十分可爱缠绵。杜牧的《江南春绝句》："千里莺啼绿映红，水村山郭酒旗风。南朝四百八十寺，多少楼台烟雨中。"二十八字写出江南春景，包罗万象，宛如长篇画卷。卢纶的《长安春望》，将春景与乡愁和人生际遇融为一体，飘然而起，悲壮而又凄凉："东风吹雨过青山，却望千门草色闲。家在梦中何日到，春生江上几人还？川原缭绕浮云外，宫阙参差落照间。谁念为儒逢世难，独将衰鬓客秦关。”

在春分日，古代有祭日的习俗。远古时期，人们对太阳的认识是朦胧的。太阳的运行是人们能够观察到的最显著的现象之一，它的光芒万丈、东升西落、冷暖效应，以及日食、黑子等现象，都会在人们心里留下深刻印象，也形成了许多传说故事。“夸父逐日”是其中最为著名的代表。《山海经·海外北经》记载：“夸父与日逐走，入日；渴，欲得饮，饮于河、渭，河、渭不足，北饮大泽。未至，道渴而死。弃其杖，化为邓林。”夸父与太阳赛跑，要追到太阳落下的地方。他口渴，就到黄河、渭水去喝水，黄河、渭水的水不够喝，就到北边的大湖去喝水。没有走到，就因口渴而死。他的手杖化作了桃林。夸父的故事，集中反映了先民们的无畏精神和坚强意志。这种气壮山河的气魄，气度恢宏的笔法，诚然应该出现在这样伟大的英雄故事里，对中国文学的气韵，也有着深远的影响。

“锦江春色来天地，玉垒浮云变古今”，多少个春天过去了，春分日的到来依然年年如约，太阳依然高悬天空，日升夜落，哺育大地。在北京的朝阳门外东南，日坛的遗迹依然存在，它是明清两代皇帝祭祀太阳神的地点。每年春分日，文武百官浩荡而至，行祭日之礼。祭日方台的中央还有一个回音点，站在那里说话，台下的人听不到，自己却能听到回音，就好像是在与天说话一般。现在那里已经是一个大型的公园了，我们不妨也在春色满园的春分日，去游览一番日坛之景。

隐士高风（寒食节）

寒食节，又称禁烟节、禁火节、冷节，一说是清明的前一日，一说是清明前两日，或是冬至日后的一百五日。顾名思义，在这一天，不能生火煮饭，只吃冷食。唐代诗人卢象有一首《寒食》诗："子推言避世，山火遂焚身。四海同寒食，千秋为一人。深冤何用道，峻迹古无邻。魂魄山河气，风雷御宇神。光烟榆柳灭，怨曲龙蛇新。可叹文公霸，平生负此臣。"原来，寒食节是来源于介子推的故事，寄寓着中国文化中对隐士高风亮节的赞颂。

春秋五霸之一的晋文公，是中国历史上有名的君主，介子推的故事就发生在他的身边。春秋时，周王室日渐衰微，各诸侯国之间开始了相互兼并的战争，各国内部贵族之间的权势之争也开始加剧。后来成为晋文公的重耳受到父亲的宠妾骊姬的陷害，流亡到其他诸侯国。这个过程充满艰险，有一次，在长期没有食物的情况下，重耳的随从介子推从自己的大腿上割了一块肉给主公充饥。后来，重耳经过十九年的流亡，终于回到晋国成为国君。重耳对跟随他出逃的功臣大加封赏，却独独忘掉了介子推。有人为他抱不平，就在宫门挂上了这样几句话："龙欲上天，五蛇为辅。龙已升云，四蛇各入其宇，一蛇独怨，终不见处所。"这是以龙比喻重耳，以蛇比喻随臣，别人都有封赏，惟独介子推没有。重耳看了，认识到自己的错误，赶紧派人请介子推。派出的人到了介子推家，邻居说，介子推背着母亲上了绵山。重耳听说后，又亲自带人到绵山去请介子推，却遍寻不着。其实，介子推是在故意躲避重耳。倒不是因为没有封赏，而是他看到了重耳的本性。重耳回国时，把他出逃时的衣物都丢到了河水中，介子推看在眼里，看清他对待旧物尚且如此，对待旧人又岂能长久。回家后，老母亲问他怎么不去当官呢，介子推答道："我这次回家是要在您面前尽孝，作一个清贫之士。我和主公，只可共患难，不可共富贵。"母亲欣然同意，两人就进入了绵山隐居。重耳找不到介子推，有人献上一计，说介子推对母亲最是孝顺，只要放火烧山，他一定会背着母亲跑出来。重耳便令放火围山，结果火都尽了也没见介子推出来。又进山中寻查，发现介子推母子已经在火中相拥而死。

(元)王蒙《青卞隐居图》(现藏于上海博物馆)

重耳知道这件事自己做错了，为了纪念介子推，就以他的祭日为寒食节，不许烧火做饭，还要举行祭奠。绵山附近的地名也改作"介休"。今天，绵山依然矗立在山西省介休县，作为寒食节的发源地和介子推故里而闻名。

中国文化中，对人格的追求可以归结为"君子"，但是，从很早开始，人们也非常认同与君子的处事方式截然不同的"狂狷"者。《论语·子路》中记载孔子说："不得中行而与之，必也狂狷乎。狂者进取，狷者有所不为也。"中行，可以看做儒家所推崇的中庸之道，是君子的作为。狂者，是指不拘一格，任性而为。狷者，是洁身自好，不肯同流合污。狷者，即可以看做隐士的行为。隐士，就是隐居不仕的人，他们对黑暗的现实采取不合作的态度，甚至认为污浊的人世是无可挽救的，所以逃避到山林中，逍遥自在，不涉尘寰。从最初的巢父、许由，到后来的伯夷、叔齐，再到竹林七贤等魏晋文人的放浪形骸、陶渊明塑造的桃花源式的世外胜地，数之不尽的隐士构建起了一个源远流长的隐士文化。许多文人，都曾经有或长或短的归隐历程，即使从未归隐的，也会在心中有一个浓郁的隐士情结，反映在作品中。隐士，代表着一种洁身自好的情怀，代表着对自由的美好向往，代表着对大自然的深深眷恋，对所有人来说，即便身不能至，也会心向往之。当代社会，曾经在广泛的地域里非常流行的寒食节传统已经渐渐淡出了人们的日常生活，但介子推的高风亮节依然激励着我们每一个人。

寒食东风（寒食节）

寒食的风俗起源于山西，也盛行在山西，甚至还延长了吃冷食的期限。《后汉书》中有一条记载，说在东汉时，属并州管辖的太原、上党等四郡，整月不举火。周举来到并州作刺史，看到民众长达一个月不吃热饭，老人儿童都受不了，就下令将冷食改为三日。东汉末年，曹操占领并州，还曾经颁布《明罚令》，规定不得寒食。

因为寒食禁火，到了紧接着的清明节，就有另一个相应的风俗——取“新火”。通过钻木取火的方式，来点燃新的火种。唐代，朝廷把宫中钻取的火种赏赐给近臣，以示恩宠。中唐诗人韩翃有一首著名的《寒食》诗对此就有记载：“春城无处不飞花，寒食东风御柳斜。日暮汉宫传蜡烛，轻烟散入五侯家。”得到火种的人臣们感到荣耀，就将传火的柳条插在门上。后来，寒食节插柳条，也就成为了民间的习俗。不过，韩翃这首诗不仅是描写寒食时长安的春景和记录取火民俗这么简单，这是一首讽刺诗。著名的唐诗选本《唐诗三百首》的编者蘅塘退士就批注道："唐代宦者之盛，不减于桓灵。诗比讽深远。"原来，在当时，宦官有很大势力，寒食节里，老百姓都要禁火，受宠的宦官，却能得到皇帝特赐的火烛。这首诗借由寒食习俗而蕴含委婉讽刺，历来为人称道。管世铭《读雪山房唐诗序例》说："韩君平'春城无处不飞花'，只说侯家富贵，而对面之寥落可知，与王少伯'昨夜风开露井桃'一例，所谓'怨而不怒'也。"达官显宦与平民之间，竟然在过节的习俗上都要分个三六九等，精妙地比喻了社会的不公平。

北宋大诗人苏轼在宋神宗元丰五年(1082)寒食节当天写下的五言古诗《寒食雨》二首，也是千古名篇，尤其是在书法史上，更是地位崇高。第一首："自我来黄州，已过三寒食。年年欲惜春，春去不容惜。今年又苦雨，两月秋萧瑟。卧闻海棠花，泥污燕支雪。暗中偷负去，夜半真有力。何殊病少年，病起头已白。"第二首："春江欲入户，雨势来不已。小屋如渔舟，濛濛水云里。空庖煮寒菜，破灶烧湿苇。那知是寒食，但见乌衔纸。君门深九重，坟墓在万里。也拟哭途穷，死灰吹不起。"当时苏轼因为"乌台诗案"被贬谪到黄州(今湖北黄冈)，任团练副使，在这里，苏轼经历了人生的巨大坎坷，但是也登上了艺术创作的高峰。他毕生的代表作《前赤壁赋》、《后赤壁赋》、《念奴娇 · 赤壁怀古》都作于此时，《寒食雨》二首也是其中的重要作品。这两首诗结合寒食节的环境，文笔苍劲沉郁，叙写生活的不易，宣泄内心的凄苦悲凉。然而，奠定这两首诗崇高地位的，不只是它们的诗歌艺术，还另有机缘。这两首诗创作完不久，苏轼用行书将它们写成横卷，通篇起伏跌宕，痛快淋漓，一气呵成。最绝妙的是，苏轼写下的字，不仅仅是笔墨纸张的产物，而是诗人心境的外化，仿佛这不是用手写出来的，而是用心流淌出来的。其中的点画线条，变化多姿，却又浑然天成。结字时大时小，或疏或密，参差错落。苏轼在写此横幅时，真真令人感到有如神助，与他亦师亦友的黄庭坚看到此幅字后，叹为观止，写下了一段精彩的跋文："东坡此诗似李太白，犹恐太白有未到处。此书兼颜鲁公、杨少师、李西台笔意。试使东坡复为之，未必及此。它日东坡或见此书，应笑我于无佛处称尊也。"此卷流传后世，历代书法家都推崇备至，它与王羲之的《兰亭序》、颜真卿的《祭侄文稿》并称"天下三大行书"。如今，它的真本收藏在台北"故宫博物院"。苏轼的《寒食帖》，为悠久的寒食节增添了许多豪宕秀逸的风采。

（北宋）苏轼《黄州寒食帖》（现藏于台北"故宫博物院"）

寒食架秋千（寒食节）

秋千，就是古代的"鞦韆"，是受到人们普遍喜爱的游乐器械和户外活动。秋千起源于我国北方少数民族地区，是在狩猎、采集等过程中创造出的一种嬉戏活动，后来传入中原。传说汉武帝因为"秋千"和"千秋"相似，为了千秋长生，汉武帝的后宫就多有秋千，可知在西汉时宫廷里已流行秋千了。南北朝时，秋千流传到民间，主要盛行在立春日，到了唐代，就开始集中在寒食节、清明节前后了。五代时王仁裕所作的《开元天宝遗事》记载："天宝宫中至寒食节，竞竖秋千，令宫嫔辈戏笑以为宴乐，帝呼为半仙之戏，都中士民因而呼之。"一直到后来很长一段时期，荡秋千都是寒食、清明的重要习俗。

秋千作为一项运动，与其他传统运动项目相比，最大的特色就是它能将人荡离地面一定距离，使得人们得到素日不能体会到的类似飞翔的感觉。飞翔，可以说是人们的一个永恒的梦想，先秦时期《庄子》中的名篇《逍遥游》，就塑造了一个深深扎根在中国人心目中的大鹏展翅的梦想："北冥有鱼，其名为鲲。鲲之大，不知其几千里也。化而为鸟，其名为鹏。鹏之背，不知其几千里也；怒而飞，其翼若垂天之云。"汉高祖刘邦的《大风歌》："大风起兮云飞扬，威加海内兮归故乡，安得猛士兮守四方！"则是以风云飞扬的景象来比喻他一统天下的伟业，大地上的功业与天象相辉映，更加显得所向披靡、气韵横生。"诗仙"李白的《梦游天姥吟留别》道："天姥连天向天横，势拔五岳掩赤城。天台四万八千丈，对此欲倒东南倾。我欲因之梦吴越，一夜飞度镜湖月。湖月照我影，送我至剡溪。"在如此高耸的天姥山的背景下，诗人在梦中高空飞度，虽然是梦，但依然令人胸襟开张，飘飘欲仙。唐代文学家张九龄的《感遇》十二首之一："矫矫珍木巅，得无金丸惧。美服患人指，高明逼神恶。今我游冥冥，弋者何所慕。""冥冥"指高远的天空，"弋者"，指猎鸟的人。诗人说，如今我在高远的天空中飞翔，那些猎鸟的人又在渴求着什么呢？这是用飞鸿来比喻自己，我决心翱翔高空，那些想要捕获我、限制我的人就无法得逞了。绝妙的飞翔比喻将诗人的高远情怀和宵小的龌龊肚肠非常形象地展现出来。宋代大诗人苏轼在《水调歌头》中说到："我欲乘风归去，又恐琼楼玉宇，高处不胜寒。"也是幻想借着风势飞上天空。还有我们熟悉的风筝，虽不像秋千那样是荡起人的自身，也可看做是借由长长的线来飞扬起自己的心。人没有鸟一样的翅膀，完全靠自己的躯体是不可能飞起来的，所以必须借助一些工具。秋千虽然荡起的落差并不高，但也足以使人们得到片刻的高扬，风过耳畔的时候，身心都打开了，多么舒畅惬意。

寻春踏青（清明）

清明，在二十四节气中位列第五，在阳历的4月4日或5日，此时春光明媚，景色清净明亮，草木返青。这是人们扫墓、祭祖的日子，还有一项重要的习俗，就是踏青。踏青，我们又常称作春游、探春、寻春、行青，在花草返青的春季，相约结伴到郊外远足，亲近大自然，欣赏美好的春天美景，并进行蹴鞠、荡秋千、放风筝等娱乐活动。

我们的祖先很早就认识到了春游的好处，并且将它赋予了生命的活力，甚至具有了一种境界。在《论语·先进》篇中，记录了孔子与子路、曾皙、冉有、公西华四位弟子的一次对话：

> 子曰："以吾一日长乎尔，毋吾以也。居则曰：'不吾知也。'如或知尔，则何以哉？"子路率尔而对曰："千乘之国，摄乎大国之间，加之以师旅，因之以饥馑，由也为之，比及三年，可使有勇，且知方也。"夫子哂之。"求！尔何如？"对曰：

“方六七十，如五六十，求也为之，比及三年，可使足民。如其礼乐，以俟君子。”“赤！尔何如？”对曰：“非曰能之，愿学焉。宗庙之事，如会同，端章甫，愿为小相焉。”“点！尔何如？”鼓瑟希，铿尔，舍瑟而作，对曰：“异乎三子者之撰。”子曰：“何伤乎？亦各言其志也。”曰：“莫春者，春服既成，冠者五六人，童子六七人，浴乎沂，风乎舞雩，咏而归。”夫子喟然叹曰：“吾与点也！”

孔子问四位弟子，如果被赏识，有了做事的机会，他们会做什么。子路说，如果有一个千乘之国夹在大国之间，一直有外来的军事压力，内部又连年饥荒，那么，由他去管理，只要三年，可以使民众有勇气，并懂得道义。孔子微笑。冉有说，六七十平方里或五六十平方里的地域，如果让他去管理，只要三年，可以使民众丰衣足食，至于礼乐教化，就要等君子来完成了。公西华说，我不敢说我能做什么，只说愿意学习。宗庙里的事务，以及诸侯相见时，希望能身着礼服，头戴礼帽，做一个相礼的人。曾皙正在鼓瑟，听到孔子叫他，铿锵一声响，说到他的志向：在暮春三月里，身穿新制成的夹衣，约定五六个成人与六七个童子，一起去沂水边上洗洗澡，在舞雩台上吹吹风，一路歌咏着回家。孔子长叹一声，说到，我同意曾皙的观点呀！这是《论语》中非常著名的一段对话，孔子的弟子们各言其志，可以说，都体现出认真的态度和远大的志向。但是，孔子单单赞成曾皙的观点，令人深思。曾皙所言，便是暮春的踏青，“莫春者，春服既成，冠者五六人，童子六七人，浴乎沂，风乎舞雩，咏而归”。这番春游的惬意与舒爽，这番触及到生命的至乐的经历，充满了自由，甚至透出了禅意。诚然，我们在人生中，需要积极进取，需要为责任与理想付出辛勤努力，但是，要说到最为接近生命原始的志向，却真的并不是这些目标，而是完全的松弛与轻快，完全地把身心交出去，完全地投入到忘我的状态，将襟怀放入自然，也将自然纳入襟怀。只有在这个时候，人才是最虚空的，也才是最完整的。孔子终其一生，勤勉地实践着克己复礼的理想，在挫折中屡败屡战，但是，孔子又何尝不是一个懂得山林之乐的人，只是，这春游之乐，对这位以天下为己任的师长来说，显得多么的奢侈，他的信念使他不可能如隐士、狂人一般抛却尘世，长久地活在山林中。所以，我们看到孔子在赞成曾皙之前的那声"喟然而叹"，里面真是蕴含着深沉而复杂的情感呀！

也许正是因为踏青的经历与状态不能常有，所以人们对春游的迷恋，就越加深刻。"春风陌上惊微尘，游人初乐岁华新。人闲正好路旁饮，麦短未怕游车轮。城中居人厌城郭，喧阗晓出空四邻。歌鼓惊山草木动，箪瓢散野乌鸢驯。何人聚众称道人，遮道卖符色怒瞋。宜蚕使汝茧如瓮，宜畜使汝羊如麇。路人未必信此语，强为买符禳新春。道人得钱径沽酒，醉倒自谓吾符神"。苏轼的这首《和子由踏青》，将人们的春游情景，刻画得细致入微，对卖符道人的描写，更是令人莞尔。他仿佛是手持摄像机，录下了春游时的沿路见闻。晚唐诗人韦庄的《丙辰年鄜州遇寒食城外醉吟五首》，对寒食、清明时节的春游，描摹得令人沉醉："满街杨柳绿丝烟，画出清明二月天。好是隔帘花树动，女郎撩乱送秋千。雕阴寒食足游人，金凤罗衣湿麝薰。肠断入城芳草路，淡红香白一群群。开元坡下日初斜，拜扫归来走钿车。可惜数株红艳好，不知今夜落谁家。马骄风疾玉鞭长，过去唯留一阵香。闲客不须烧破眼，好花皆属富家郎。雨丝烟柳欲清明，金屋人闲暖凤笙。永日迢迢无一事，隔街闻筑气球声。”人们踏青归来，将杨柳枝条戴在头上，仿佛满街都是杨柳了，女郎们走出闺阁荡秋千，等到太阳西斜，拜扫的人们纷纷归来，芳草萋萋。白居易的《春游》，富有生活气息：“上马临出门，出门复逡巡。回头问妻子，应怪春游频。诚知春游频，其奈老大身。朱颜去复去，白发新更新。请君屈十指，为我数交亲。大限年百岁，几人及七旬。我今六十五，走若下坂轮。假使得七十，只有五度春。逢春不游乐，但恐是痴人。”妻子责怪诗人春游太过频繁，诗人说，我已经六十五岁了，人生七十古来稀，到七十岁就剩下五个春天了，若还不游春，那真是痴人了。我们联想到他的七律名作《钱塘湖春行》：“孤山寺北贾亭西，水面初平云脚低。几处早莺争暖树，谁家新燕啄春泥。乱花渐欲迷人眼，浅草才能没马蹄。最爱湖东行不足，绿杨阴里白沙堤。”春游，在这样一个知春、懂春、恋春的诗人笔下，当然活色生香。朱熹的《春日》，也是家喻户晓：“胜日寻芳泗水滨，无边光景一时新。等闲识得东风面，万紫千红总是春。”诗人游春，将眼光集中在花朵上，春风吹得百花开放，万紫千红，到处都是春天的美景。最为奇特的春游诗，出自清代书画家、扬州八怪之一的郑板桥，他的一首《春词》，写在踏青之后，全诗 56 句中，嵌入了 68 个“春”字，而且自然流畅、生动传神，充满了技巧的语言艺术中，将踏青时的美好风光写得无比令人向往：“春风、春暖、春日、春长，春山苍苍，春水漾漾。春荫荫，春浓浓，满园春花开放。门庭春柳碧翠，阶前春草芬芳。春鱼游遍春水，春鸟啼遍春堂。春色好，春光旺，几枝春杏点春光。春风吹落枝头露，春雨湿透春海棠。又只见几个农人开口笑：‘春短，春长，趁此春日迟迟，开上几亩春荒，种上几亩春苗，真乃大家春忙。’春日去观春景，忙煞几位春娘，头插几枝春花，身穿一套春裳；兜里兜的春菜，篮里挎的春桑，游春闲散春闷，怀春懒回闺房。郊外观不尽的阳春烟景，又只见一个春女，上下巧样的春装，满面淡淡的春色，浑身处处春香；春身斜倚春闺，春眼盼着春郎。盼春不见春归，思春反被春伤。春心结成春疾，春疾还得春方。满怀春恨绵绵，拭泪春眼双双。总不如撇下这回春心，今春过了来春至，再把春心腹内藏。家里装上一壶春酒，唱上几句春曲，顺口春声春腔。满目羡慕功名，忘却了窗下念文章。不料二月仲春鹿鸣，全不忘平地春雷声响亮。”

（唐）张萱《虢国夫人游春图》（宋徽宗摹本，现藏于辽宁省博物馆）

明前清茶（清明）

为什么要在清明说茶？原来在中国人的心目中，一年中越早采摘的茶叶就越好，在清明之前采摘炒制的茶，就是最早的一批，此时的茶，色泽青翠，香味幽长，形态优美，受虫害侵扰少，叫做“明前茶”。因为清明与寒食非常接近，寒食节有禁火的习俗，所以“明前茶”又称作“火前茶”。根据各地气候和地理环境的不同，产期可以在清明前的1到30天。因为时日早，芽叶的数量很有限，而且非常细嫩，2500克的青茶叶才能炒制出500克左右的干茶，而且炒制时的火候和技巧要求也很高，要优秀的炒茶师才能炒好，如此难得，自然价位偏高，所以有“明前茶，贵如金”的说法，是茶中上品。

在明前茶之中，有一种茶，还有一个特殊的名字，叫做“社前茶”，是指春社之前的茶。古代在立春后的第五个戊日祭祀土神，称为“社日”。社日一般在立春后的41天至50天之间，大约在春分时节，也就是比清明还早半个月，这个时候采制的茶叶极其珍贵罕见，价钱就更加高了。明前茶之后，又有“雨前茶”，是清明后到谷雨前采制的茶叶。雨前茶虽不及明前茶细嫩，但品质尚好，根据采摘时间的先后，分二茶、三茶。谷雨过后，茶叶就比较粗老了。相比珍贵的明前茶，雨前茶更符合一般人的需要，一来因为产量增加，它的价钱便宜不少，二来，明前茶的芽叶还没有完全发育，能泡出来的渗出物比较少，因而茶汤比较清淡，而雨前茶由明前茶的一叶一芽过渡到两叶一芽，叶身也长了，泡出来的茶比较浓一些，也有甘甜的回味，可以说是物美价廉的选择。到了阳历九月份前后，还有一批秋茶上市，茶汤浓，口味也好，但是产量少，价格也是比较高的。除了春茶、秋茶，还有粗茶和末子茶。粗茶是已经完全长出来的叶片，没有嫩芽；末子茶是二茶、三茶和秋茶制作过程中筛出来的末子。这两种茶都是比较便宜的，一般是比较贫苦的平民喝，或是需要供应很多人喝的时候用。不过，喝末子茶逐渐也成了一门学问，俗称“高末”，有的人会专门收集一些好茶的末子，泡起来别有一番风味，在边角料里，做出一番雅致的功夫来。

自然界有春夏秋冬，气候各异，不同的地理环境，也会对物产的情况有基本的影响。所以不同的时间、不同的地区产出的物品，各个不同，什么是精品，什么是粗品，分个三六九等，是正常的现象。我们对待这些差异，追求其中最为精细、最为香醇的种类，也是人类对美好生活品质追求的体现。有了上佳的原料，还要辅助以上佳的加工技艺，炒制的火候与手法，冲泡的时机与步骤，还有一整套的装备、器具，这些方面的共同作用，才能使茶的美达到极致，获得高度的享受。一方面，我们要精益求精，将种茶、采茶、炒茶、制茶、泡茶、饮茶，都当做一门认真的工作和艺术来对待，另一方面，我们不能一味攀比，炒作抬价，使本来延年益寿、醇美养人的茶变成冷冰冰的赚钱机器，当一个国家的茶失去了人情味，可以说它的生命就消却了。怎样根据自己的实际情况，将茶的营养和口味最大化地发挥出来，饮合适的茶，做适合的事，是我们在清幽的茶香里，应该仔细思考的人生话题。

茶艺

曲水流觞（上巳节）

东晋王羲之的《兰亭集序》，是中国书法史和文学史上的共同经典。它的第一句是:"永和九年,岁在癸丑,暮春之初,会于会稽山阴之兰亭,修禊事也。"禊,音 xì,是在水边举行的一种祭礼,以袚除不祥。这场兰亭集会的日子,便是我国一个重要的传统节日——上巳节。它俗称三月三,在汉代以前,这个节日的日期是三月上旬的巳日,到了魏以后,改为农历三月初三日。在这天,人们会去到水滨游赏,举行祭祀、沐浴、采兰等活动。

《兰亭集序》中又说道:"此地有崇山峻岭,茂林修竹,又有清流激湍,映带左右,引以为流觞曲水,列坐其次。虽无丝竹管弦之盛,一觞一咏,亦足以畅叙幽情。"这即是上巳节的一种习俗,叫做"曲水流觞"。人们坐在弯曲的水渠两旁,将酒杯置于水中,任它顺流而下,酒杯停在谁的前面,谁就饮用杯中酒,因而得名。"觞"是古代一种盛酒的器具,通常为木制或陶制,底部有托,所以可浮在水中。在东晋穆帝永和九年(353)的三月初三,王羲之与谢安、孙绰等四十余人,在山阴(今浙江绍兴)兰亭举行修禊活动。集会之上,各人做诗,有十一人各成诗两篇,十五人各成诗一篇,十六人未作诗而被罚酒。王羲之将这些诗收集起来,写下序文,即是《兰亭集序》。"书圣"王羲之的书法造诣非常高,这篇序文的手稿,也成为他毕生最杰出的代表作,被后人称誉为"天下第一行书"。可惜原稿已经不传,现在我们只能见到后人的摹本。即便如此,《兰亭集序》依然是所有学习书法的人必须临摹的范本,地位崇高。而这三百二十四字的文章,也是古今少有之佳作,章法美善,思绪隽永,将游乐与悲思熔为一炉,体现着两晋时期文人们在玄思上的高深造诣,"后之视今,亦犹今之视昔"等名句,能够时时给人心灵上的冲击。从此,上巳节"曲水流觞"饮酒咏诗的活动,更加风靡,历久不衰。

唐朝时，上巳节特别热闹，皇帝这天在长安城南的曲江宴会群臣，共行祓禊之礼、踏青之会。曲江之畔，会有许多贵族妇女游赏其间。杜甫在玄宗天宝年间的一个上巳节，就此景象，写下了他的古体诗代表作之一《丽人行》："三月三日天气新，长安水边多丽人。态浓意远淑且真，肌理细腻骨肉匀。绣罗衣裳照暮春，蹙金孔雀银麒麟。头上何所有，翠微㔩叶垂鬓唇。背后何所见，珠压腰衱稳称身。就中云幕椒房亲，赐名大国虢与秦。紫驼之峰出翠釜，水精之盘行素鳞。犀箸厌饫久未下，鸾刀缕切空纷纶。黄门飞鞚不动尘，御厨络绎送八珍。箫鼓哀吟感鬼神，宾从杂遝实要津。后来鞍马何逡巡，当轩下马入锦茵。杨花雪落覆白蘋，青鸟飞去衔红巾。炙手可热势绝伦，慎莫近前丞相嗔。"在杨贵妃得到唐玄宗的宠幸之后，杨家的兄弟姐妹都得到显贵，她的堂兄杨国忠还位至丞相。杨家擅权乱国，生活也奢侈、腐朽，甚至淫乱，唐朝由开元盛世而转向衰落，杨家是要负上一定责任的。杜甫在这首《丽人行》里，细致地描写了杨家在上巳节中的种种美仪盛况，但又句句带刺，意含批判，对这个张扬跋扈的家族，透露出不满之意。杜甫在杨家极盛之时，能写下这样的讽刺诗作，表现出很强的勇气、洞见和预感，日后这个家族的一朝倾覆，也正是在这样的穷奢极欲中埋下的危机。

宋代诗人刘克庄曾经写过一首词《忆秦娥·上巳》："修禊节。晋人风味终然别。终然别。当时宾主，至今清绝。等闲写就兰亭帖。岂知留与人闲说。人闲说。永和之岁，暮春之月。"是啊，曾经的兰亭雅会，群贤毕至，少长咸集，那崇山峻岭，茂林修竹之间，是一觞一咏的幽情，是俯仰一世的怀抱。它虽然美不胜收，却终究这样远去了，留与后人千古的谈资，却再难重现当日的风味。流觞亭犹可再建，曲水流觞犹可再饮，但曾经的心怀与才情却难以重获，上巳的风光，也难以重来了。

国色天香（谷雨）

谷雨，在二十四节气中位列第六，在阳历的 4 月 20 日或 21 日，此时降水明显增多，有利于谷物生长。民谚说："谷雨过三天，园里看牡丹。"谷雨时节，除了有为人喜爱的雨前茶，牡丹也盛开了。

我国地大物博，物种丰富，春季里百花争艳，各有风姿。但牡丹，是惟一的百花之王。牡丹又叫做鹿韭、木芍药、花王、洛阳王、富贵花，它端庄妩媚，兼有色、香、韵之美。因为它的颜色和香气的高贵，历来人们称牡丹为"国色天香"。不错，花之美，多种多样，但这般雍容华贵，有皇者气质，堪当一国之重的，牡丹可独步天下。唐代大诗人李白的《清平调三首》，是牡丹气质的最佳注脚。它们是李白在长安供奉翰林时写下的。有一天，唐玄宗和杨贵妃在宫中观赏牡丹花，命李白写诗，李白提笔写下三首《清平调》，第一首："云想衣裳花想容，春风拂槛露华浓。若非群玉山头见，会向瑶台月下逢。"第二首："一枝红艳露凝香，云雨巫山枉断肠。借问汉宫谁得似，可怜飞燕倚新妆。"第三首："名花倾国两相欢，长得君王带笑看。解释春风无限恨，沉香亭北倚栏杆。"这三首诗将牡丹和杨贵妃交互在一起写，花即是人，人即是花，绝妙异常。三首诗又各有不同，第一首是空间的遐想，引入月宫之上；第二首是历史的勾连，以巫山神女和赵飞燕作对比，她们都不如牡丹的美，也就是不如贵妃的美；第三首归到眼前的情景，点明地点，唐宫中的沉香亭北。用"两相欢"把牡丹和佳人融为一体。这三首诗，句句是在写牡丹花，但又句句是在写杨贵妃，花与人交相辉映，言在此而意在彼，取得了非常杰出的艺术效果。这三首诗写出来之后，唐玄宗与杨贵妃非常喜欢，时常吟哦。后来还有一个故事，说玄宗宠信的宦官高力士因为李白曾命他脱靴，以为奇耻大辱，就向杨贵妃进谗言，说李白这三首诗里，说到赵飞燕，是以飞燕的瘦，来讥讽贵妃的肥，以飞燕的私通故事，来暗指贵妃的不检点，使得杨贵妃开始厌恶李白。这不过是一个传说而已，却掩盖不了这三首《清平调》的艺术光芒。从此，牡丹花就与这三首诗联系在了一起，本就富丽堂皇的牡丹，因为宫廷贵妃的相喻，更增添了国色天香的气度。后来，人们也用“国色天香”这个词，来形容女性的美丽。

洛阳、菏泽的牡丹最富盛名。隋代，洛阳就开始大量种植牡丹，唐代的牡丹栽培尤其盛行，首都长安和东都洛阳都有牡丹的海洋。后来的五代和北宋时期，洛阳更是天下牡丹的中心。欧

牡丹

阳修在《洛阳牡丹图》中说："洛阳地脉花最宜，牡丹尤为天下奇。"这不仅是因为洛阳地处中原，气候温和，土壤适宜，还因为此地与牡丹的气质相吻合。作为著名的古都，洛阳历来有王者之气，牡丹作为富贵的象征，得到特别的宠爱。我们甚至可以说，牡丹，就是我国古代社会的最高峰——唐朝的象征，唐人极爱牡丹，正是当时审美倾向的体现。那时的中国是全世界的中心，国力强盛，襟怀广大，自由潇洒，牡丹的国色天香正是整个民族自信力的表征。

绿树阴浓夏日长

夏木已成阴(立夏)

立夏,在二十四节气中位列第七,在阳历的5月5日或6日,表示夏季的开始。关于立夏的祭祀起源很早,据《礼记·月令》记载,立夏之日,天子亲率三公、九卿、诸侯、大夫,迎夏于南郊。而在民间,立夏的习俗别有趣味,例如称人和斗蛋。

称人的习俗起源于三国时期。刘备借荆州,有借无还,孙权十分不满。本想假意把妹妹嫁给刘备,以招婿为名,赚刘备来东吴成婚,然后擒获。却没想到结果是赔了夫人又折兵。后来,孙权又以母亲病重为借口,将妹妹孙尚香骗回东吴,以妹妹要挟刘备,要他归还荆州。刘备不肯就此将荆州归还,又担心夫人在东吴的生活,便去请教军师诸葛亮。诸葛亮命令前去东吴的使臣去称孙夫人的体重,然后写信回来告知,刘皇叔就知道孙夫人在东吴生活得好不好了。蜀国的那位大臣到了东吴,才知道东吴是从来不称人的体重的,只有在出卖家畜时才称重。这可怎么办呢?他心生一计。原来当时正值立夏节气,街上卖咸鸭蛋的小贩特别多,这位使臣就派人在大街小巷放置了大秤,号称在立夏日称一下体重,就可以胃口好,小孩还不易夭折,成长也快。如果小孩来称,就送一只咸鸭蛋,还把咸鸭蛋放在彩色丝线编成的小袋子里，挂在脖子上，很有广告的效应。大人小孩都纷纷前来称体重，使臣也借此称了孙尚香的体重。从此，立夏时，称人、吃蛋、小孩胸前挂彩色咸鸭蛋的习俗就流传下来了。

蛋是营养价值极高的食品，富含蛋白质、氨基酸、无机盐和维生素成分，立夏吃蛋，又叫做“补夏”。咸鸭蛋尤其好，其中含钙量含铁量比鸡蛋、鲜鸭蛋高，是夏日补充钙、铁的首选。因此又有了斗蛋的游戏，孩子们的脖子上用彩袋装着蛋，相遇后，就比谁的蛋比较坚固。蛋分两端，尖者为头，圆者为尾。斗蛋时蛋头斗蛋头，蛋尾击蛋尾。挨个把蛋拿出来斗，破了的就认输，直到最后的胜者。

夏天晚上最重要的事，便是乘凉。天气炎热，找一个阴凉通风的地方，坐下来修养心神，或是与邻里聊聊天，着实减了苦夏的难过。乘凉最佳处，是在大树下。汉字的“休”字，是一个会意字，左边一个人，右边一个木，也就是一棵树，人靠在树上，就是休息，非常形象。夏季绿树成荫，大树底下好乘凉，我们在享受清凉的时候，也不要忘记其中的道理呀。《管子·权修》里说到：“一年之计，莫如树谷；十年之计，莫如树木；终身之计，莫如树人。”树，在这里是动词，培养的意思。十年的时间可以培养一棵树木，一百年的时间才可以培育成一个人才，培育一个人才比培育大树更加不容易。我们从小，看到身旁的小树一点一点地长高、长粗，若是长得快的树种，到了我们成年，它就可以用来乘凉了。但是，我们自己又成长了多少呢？是否虚度了年华呢？是否成为了一个成熟的人呢？是该扪心自问一下呀。虽说每年都有植树节，但是我们亲手栽下的树，可是太少了，大多是前人栽树，后人乘凉，这是前人为后人造的福，我们享用着前辈的余荫，自己又能给后人留下些什么呢？

（南宋）刘松年《四景山水图·夏》（现藏于故宫博物院）

谁谓荼苦（小满）

小满，在二十四节气中位列第八，在阳历的5月21日或22日，此时夏熟作物的籽粒逐渐饱满，但还未成熟，尚未达到最饱满的时候，所以只是小满。小满虽然寓意着丰收即将到来，但又还未到，所以此时往往会遇到粮食的短缺，古代物产还不似现在这样丰富，很多百姓不得不靠苦菜来充饥。苦菜，又叫做"荼"，是一年生草本植物，在全世界都有广泛的分布，多生长在河谷、路边、田野、山陵等处，是中国人最早食用的野菜之一，在荒年和青黄不接时，是非常重要的救济食物。在《诗经》中，就多次提到了苦菜，如《唐风·采苓》："采苦采苦，首阳之下。"《豳风·七月》："采荼薪樗。"《大雅·绵》："堇荼如饴。"《周颂·良耜》："以薅荼蓼。"还有许多文献中也有记载，如《吕氏春秋·孟夏纪》："孟夏之月……其味苦……蝼蝈鸣，丘蚓出，王菩生，苦菜秀。"

《水经注 · 江水三》:“东得苦菜夏浦,浦东有苦菜山,江逕其北,故浦有苦菜之名焉,山上有苦菜可食。”而《诗经 · 邶风 · 谷风》这一首,将苦菜的“苦”进行了一次艺术化的处理。这首诗是一位被丈夫抛弃的妇女唱出的一首悲歌。他们刚结婚时,立下生死相随的誓言,婚后生活贫苦,全靠妻子勤俭持家,日子才逐渐好起来。孰料随后丈夫就喜新厌旧,将糟糠之妻扫地出门。诗中,这位弃妇和着血泪述说自己的无辜和丈夫的绝情,曾经发生的事情都历历在目,宛若一位泣如雨下的女子当面控诉,令人心生触动。其中的一句“谁谓荼苦,其甘如荠”,是用苦菜的苦来比照苦难的遭遇。荼,就是苦菜,甘,是甘甜,荠,指甜菜。这两句的意思是,苦菜虽然很苦,但在我看来,它也是甘甜的。为什么呢?因为自己的内心太痛苦了,苦菜就算再苦,又怎能胜过心中的苦呢?比苦菜的苦更甚一层,这种将味觉与感觉打通的通感修辞方法,令人感同身受,也别具诗味。

需要特别指出一点,并不是所有的“荼”都是指苦菜。《郑风 · 出其东门》有一句“有女如荼”,《豳风 · 鸱鸮》有一句“予所捋荼”,是指芦苇或白茅的白色的花朵。《国语 · 吴语》中,也用荼表示白花,是“如火如荼”这个成语的来源:“万人以为方阵,皆白裳、白旗、素甲、白羽之矰,望之如荼。王亲秉钺,载白旗以中陈而立。左军亦如之,皆赤裳、赤旟、丹甲、朱羽之矰,望之如火。”那白色的方阵,就像开满白花的茅草地;那红色的方阵,就像熊熊燃烧的火焰。如火如荼,就是像火那样红,像荼那样白。在《国语》中,是比喻军容之盛。后来人们用它来形容大规模的行动气势旺盛、气氛热烈。

现在,国泰民安,丰衣足食,人们不再需要苦菜来救荒了,而是把它当成一味菜肴。苦这种味道，在饮食中并不受欢迎，但正因为我们的食物很少有苦的，有时吃一些，反而能达到很好的保健效果。苦菜可以凉拌、炒食，还可以作饺子馅，有降火、抗菌、解热、消暑、消炎、明目、凉血等作用，还可以防治癌症。我们都希望人生一帆风顺，但是苦难挫折往往能磨练品格。饮食中，也不应一味地追求甜腻香醇，适当地品尝苦味，也是必要的调节，酸甜苦辣咸，不同品性和味道的食物的整合，才是平衡的饮食之道。

治本于农（芒种）

芒种，在二十四节气中位列第九，在阳历的 6 月 5 日或 6 日，表示麦类有芒的作物成熟了，农民们也要忙碌于夏天的作物播种。中国自古是一个农耕社会，有着悠久的农耕文明，在距今至少六千年之前，黄河、长江流域就已经出现了早期的农业生产。因此，中国的节气，甚至许多节日的设定都与农事有紧密关联，体现出人们对农事的认识，也用来指导农耕。我国的历法，称作“农历”，也是因此而得名。芒种就是一个将农事体现在名称中的节气。当然，二十四节气原产生于黄河流域，所以主要是反映黄河流域的气候特点和农事活动的规律。我国幅员辽阔，在其他地区，就不一定与二十四节气有严格的对应，而是应结合当地的具体情况，因地制宜，总结气候和农业生产规律，才能做到不违农时，力争丰收。

《千字文》说：“治本于农，务兹稼穑。俶载南亩，我艺黍稷。税熟贡新，劝赏黜陟。”第一句中的稼，是播种的意思；穑，是收割的意思，农业是治国的根本，一定要搞好播种与收获。第二句是说一年的农活开始了，在向阳的土地上种上黄米与小米。第三句是说五谷成熟了，官府来收税，农民们交上新粮。庄稼种得好的受到表彰和赏赐，种得不好的要受到处罚。这是说的赋税，种粮的农民都要向国家交土地税。作为立国之本的农业，作为辛勤劳作的农民，一方面，耕耘的收获令人欣喜，另一方面，他们要付出许多的辛劳，还往往要面临沉重的赋税。唐代诗人李绅的《悯农》："锄禾日当午，汗滴禾下土。谁知盘中餐，粒粒皆辛苦。"写尽了农民的辛劳，每一粒米，都得来不易，都应该珍惜。李绅的另一首："春种一粒粟，秋成万颗子。四海无闲田，农夫犹饿死。"这一首的冲击性更强烈，春种秋收，一粒种子换来千万收获，但是，农民的境遇依然苦楚，他们长期是被盘剥的对象，虽然勤劳经年，创造了许多资源和财富，得到的回报却很少，他们是整个社会中的弱势群体。农业的基础性和农民的弱势地位之间的反差，是中国历史上最为持久的不平等现象之一，当代社会，农民的地位有了很大提高，农业、农村、农民这"三农问题"依然是我国现代化发展过程中的重要问题。司马迁《史记·货殖列传》中引用管仲的话："仓廪实而知礼节，衣食足而知荣辱。"农业不仅是人们生存的根本，也关系社会的稳定。

农作物养育着每一个人，但是由于社会分工的存在，许多人并不从事、并不了解农业生产。在《孟子·滕文公上》篇里，记载了战国时期儒家的代表孟子与农家的代表许行，就人们是否应该亲自从事农业劳动的话题，进行的一番著名的论辩。孟子以社会分工的道理进行辩驳，还提出了"或劳心，或劳力；劳心者治人，劳力者治于人；治于人者食人，治人者食于人"这番在中国历史上引起轩然大波的言论。《论语·子路》篇中，也记载过孔子类似的观点："樊迟请学稼。子曰：'吾不如老农。'请学为圃。曰：'吾不如老圃。'樊迟出。子曰：'小人哉，樊须也！上好礼，则民莫敢不敬；上好义，则民莫敢不服；上好信，则民莫敢不用情。夫如是，则四方之民襁负其子而至矣，焉用稼？'"在《论语·微子》篇中，一位老者也对孔子和他的弟子们"四体不勤，五谷不分"的状况提出了指责。子路，名仲由，字子路，又字季路，春秋时期鲁国人，是孔子的重要弟子之一。他性格非常直率，敢于批评孔子。有一次，他和孔子同行，落在后面。遇见一位老者，杖上挑着除草用的工具。子路问他："你看见我的老师了吗？"老人说："你这个人四肢不用来劳动，五谷都不认识，谁知道你的老师是什么人！"说完，又去除草。子路拱手恭敬地站在一旁。老人留子路到他家住宿，杀鸡、做饭给子路吃，又叫他的两个儿子出来相见。第二天，子路赶上了孔子，告诉他这件事。孔子说："这是一个隐者呀！"命子路再回去见他。到老人家，却已经走开了。子路说："一个人不做官，是不义的。长幼之节不可废，君臣之义又怎能废呢？你想要清洁自身，却破坏了君臣之义的伦理。君子做官，是尽自己的道义。至于道不能行，这是早已知道的。"最后一句话，是说道义是否能够行施，并不是一己可以决定的，但是就算知道现实情况是道不可行，也应该出仕，以行道为己任。这个故事，与《孟子》中的论辩有相似之处，我们看待这个问题，无需对不事农业劳作的"读书人"横加指责，正所谓"君子谋道不谋食"（《论语·卫灵公》），毕竟社会需要人们以不同的方式来作出贡献，才能形成一个有机的整体，另一方面，我们也不应该做一个无视农业的重要地位、不识农事常识的腐儒。

这里提到的五谷，是我国最主要的粮食作物。"五谷"的说法最早出现于春秋、战国时期，有两种说法，一是黍、稷、麦、菽、稻；一是黍、稷、麦、菽、麻。区别就是有稻还是有麻。其实，当时的主要作物不只五种，还有“六谷”、“九谷”、“百谷”等说法，所以“五谷”的总结有不同的版本就不奇怪了。我们也可以把“五谷”当做是粮食作物的统称。后来，作物的种类越来越多，明代李时珍的《本草纲目》中就记载了三十三种谷物和十四种豆类。当下，稻谷、麦子、高粱、大豆、玉米等，是最常见的粮食作物。随着科技的进步和国际交流的增加，有更多的谷类、豆类作物被引进，还有众多的烹饪、加工方法被研制出来。当代社会里，物质资料越来越丰富，当人们形成了大鱼大肉、贪图新奇食品的饮食习惯之后，粮食，作为最基本的农业作物，反而被忽略。而当人们发现不良的饮食习惯对身体造成了不良影响之后，又回过头来提倡吃五谷杂粮。许多一度被抛弃的“粗粮”，又开始进入了人们的餐桌，甚至还成为了高级食物。五谷作为植物的种子，它的生发作用是非常强的，能够提供许多生命必须的营养，所以，我们不应该为了食物的多样化或是对瘦身的追求，而忽视五谷作为生命根源的作用。

初夏的花魂（芒种）

生命是与自然合一的，就在日月山川里，寄寓着喜乐哀愁。有限的生命融进了无限的时空，身早已传衍了多少辈，景也已代谢了多少回，却在年年相似的水之涯、花之畔，古与今、我与物，再无界限，都能相容。形形色色的节日蕴藏在九州大地的土壤里，到了那个约定的时光，就萌了芽，化了妆，打探出来，人面变了往年的相，那习气，那情景，却还是一般的样。胡兰成在《中国文学史话》中说到："中国文明的人世是真山真水，器物皆真，人也真。中国人是已离了动物身，人身是如来身。"对着山水，谁都有一脉真诚的爱与叹，原来人们过节，总要对应着年景，是早已将人世的流转赋予了这汩汩的流年，山水器物皆不是身外情，都在挂牵着心中事，眼中泪，意中人。

这山水人生的节庆，最令人唏嘘的，就是芒种节。此时要收有芒的麦子，也要播种夏天的作物，故而得此节气之名。春尽夏来，众花凋零，最是匆匆春又归去的伤春时节，古来诗人洒了多少泪在这段日子里，却也不计，惟是饯别花神的习俗，更为这初夏里，祭出一缕花魂。

二月十五的花朝节，那是百花的生日，人们兴高采烈地给盛放中的花儿们祝寿，真是人间乐事。到了芒种，繁花的筵席却要散了，为远去的花神饯行，虽也是热闹铺张，却比之二月间，别有一番心绪。若不是将花当作了人一般，又怎能有如此精心的祭饯："至次日乃是四月二十六日，原来这日未时交芒种节。尚古风俗：凡交芒种节这日，都要设摆各色礼物，祭饯花神，言芒种一过，便是夏日了，众花皆谢，花神退位，须要饯行。然闺中更兴这件风俗，所以大观园中之人都早起来了。那些女孩子们，或用花瓣柳枝编成轿马的，或用绫锦纱罗叠成干旄旌幢的，都用彩线系了。每一棵树上，每一枝花上，都系了这些物事。满园里绣带飘飘，花枝招展，更兼这些人打扮得桃羞杏让，燕妒莺惭，一时也道不尽。"《红楼梦》中一段话，细致地记载了芒种祭花神的讲究，花枝编的轿马，绫罗叠的旗帜，每支花都扮了靓，树下花前穿行着精心梳妆的女子们，交相辉映。人们用富丽的排场为花神送行，最美的春光，是她带了来，任由撷取，万紫千红中描画了每个人的心房。她却是要走，怎能不惹得大家献上神意的虔诚，秋冬之后还复来的时候，又有这一番迎，一番赏，一番送，一番别。

花的神魂便与人的精气缠在了一起，这番送别的离情，凝结成了黛玉一曲清幽的《葬花吟》。众人用祭祀来饯别，她却用埋葬来追随。锦囊中的艳骨，留在了一抔净土中，他年，却不知何人能为我存下这洁净？只怕是一朝春尽红颜老，花落人亡两不知，怎能不恸倒所有惜花人！百花之中，又寄托了多少常被人世污染的纯洁与挚诚！

惜花正是惜人，人们在花中喜“名花倾国两相欢，常得君王带笑看”（李白），也在花中愁“花自飘零水自流，一种相思，两处闲愁”（李清照）。人们在花中醉“我欲四时携酒去，莫教一日不花开”（欧阳修），也在花中痴“溪花与禅意，相对亦忘言”（刘长卿）。人们在花中坐“细数落花因坐久，缓寻芳草得归迟”（王安石），也在花中行“无意带将花数朵，竟挑蝴蝶下山来”（朱景素）。人们在花中戏“将花揉碎掷郎前，请郎今夜伴花眠”（唐寅），也在花中狂“何方化作身千亿，一树梅花一放翁”（陆游）……多少情愫留在了这最是人间留不住的落红里，熏染得文明的长河里都有了散不去的花香，在每一个春天的新芽里，扑面而来，捎来古老的讯息，吸引匆匆过客停下来，流连销魂。

闲敲棋子落灯花（芒种）

民间有“芒种梅雨落”一说，芒种节气，正当梅雨时节。从晚春到初夏，我国的长江中下游地区，天空常会乌云密布，阴雨连绵，这就是人们常说的“梅雨”时节了。此时正是江南梅熟的时候，所以称为梅雨，又称为黄梅雨。由于这一时段的空气湿度很大，物品极易受潮霉烂，所以人们根据谐音，又给梅雨起了一个别名，叫做“霉雨”。

诗圣杜甫写过一首《梅雨》：“南京犀浦道，四月熟黄梅。湛湛长江去，冥冥细雨来。茅茨疏易湿，云雾密难开。竟日蛟龙喜，盘涡与岸回。”柳宗元也曾写过同题之作：“梅实迎时雨，苍茫值晚春。愁深楚猿夜，梦断越鸡晨。海雾连南极，江云暗北津。素衣今尽化，非为帝京尘。”都是说到梅子熟了的时候迎来的梅雨。齐己的《夏日梅雨中寄睦公》：“梅月来林寺，冥冥各闭门。已应双履迹，全没乱云根。琢句心无味，看经眼亦昏。何时见清霁，招我凭岩轩。”则是说的看起来没完没了的梅雨季节里，人的心情都好似发了霉，做什么都没兴趣，只等转晴天。宋代诗人贺铸在词作《青玉案》中写下了咏梅雨的名句，而被誉为“贺梅子”：“凌波不过横塘路。但目送、芳尘去。锦瑟华年谁与度。月桥花院，琐窗朱户。只有春知处。飞云冉冉蘅皋暮。彩笔新题断肠句。试问闲愁都几许。一川烟草，满城风絮。梅子黄时雨。”诗人此时闲居苏州横塘，遇到一位佳人，神魂颠倒，却无缘再见，若问此时有多少愁思，真好像那一川衰草，满天柳絮，和这江南的梅雨，不知何时是尽头。诗人连用三个时令景色作比，将无形的情感化作有形的景物，给人以形象化的触动。并且这三个形象，都是凌乱而缠绵，犹如暮春初夏时节里烟雨迷蒙的江南一样看不清，参不透，营造起一股迷离、哀怨的气氛，恰似那斩不断、理还乱的情丝，达到了杰出的艺术效果。贺铸因此首词而扬名，江南梅雨也因这首词而增添了意境。

辛弃疾的《鹧鸪天 · 败棋赋梅雨》，是在棋局之后所作：“漠漠轻阴拨不开。江南细雨熟黄梅。有情无意东边日，已怒重惊忽地雷。云柱础，水楼台。罗衣费尽博山灰。当时一识和羹味，便道为霖消息来。”在梅雨这样阴沉烦闷的时节里，下棋，当真是调试心情的好选择，南宋赵师秀一首著名的七言绝句《约客》，将梅雨与下棋，拉上了割不断的联系：“黄梅时节家家雨，青草池塘处处蛙。有约不来过夜半，闲敲棋子落灯花。”一个梅雨连绵的夏夜，池塘中传来阵阵蛙鸣。眼看时辰到了半夜，诗人还在等候朋友如约前来下棋。他无聊地敲着棋子，油灯的灰落了下来。古时以油灯照明，灯芯烧残之后逐渐掉落，剩余的结成一朵花一般的形状，故称灯花。梅雨淅沥，蛙声不断，夏夜里倒是热闹的紧，却没有友人的敲门声。诗人百无聊赖，这敲下的棋子，落下的灯灰，都映衬着他心中的落寞。诗人用了一个生活的细节描写，带出了梅雨季节的此情此景，怅惘中杂着几许焦躁，无奈中又透出些许悠闲，这种你我都曾体会过的小情感，原来不只意会，还可言传，当真令人折服于中国诗歌语言的强大表现力。

梅雨季节里的棋盘，仿佛都被这不停的霖雨打湿了，漉漉的心情里，可还有棋局里该有的那份气定神闲？琴、棋、书、画，中国文人在其中营造出迷人的生活美学和生命意境。四者之中，琴、书、画，皆是音乐与艺术，清寂一身之时，手挥五弦，泼墨而下，即便只得孤芳自赏，亦可填满心灵。而棋却不同，多是要约上好友，一番厮杀，斤斤计较，奇巧而胜，上一盘还在回味里，下一盘又开始了。棋分胜负，本是争强好胜的，却被文人们下出来多少优雅，这里面的道理，真是曲折。中国的文化，不仅是发扬起人们心中那份和平柔顺，竟是要将存在另一部分的争斗戾气也要化了去，所以心灵为何能在这样的艺术化生活中得到升华，就源于这样的全方位塑造。端正而坐，摆上棋盘，沏好香茗，拿起棋子，举棋不定之时，全局已然在胸了。定是要专心致志，提防着一着不慎，满盘皆输，棋逢对手的时候，毕竟也还是有一方棋高一着。观棋者，不语才是真君子，即便多是当局者迷，旁观者清，但局外之人终究不该搅了局才对。小小一方棋盘，浓缩了多少的机巧，人们从中总结出许多道理来指导人生，转念一思，难道世事人生里，星罗棋布的局面，不全在棋中了吗？棋不仅仅是竞技，胜与败在棋局结束的那一刻都会散去。棋就是人生，我们带着高下不同的智慧和技术，进入到这盘最大的棋局里，或是步步小心，或是任性而为，一时掌握全局的人，却未必能笑到最后，胜负就出现在不经意中，你察觉时，为时已晚。棋局的道理可以被侃侃而谈，条条而列，但是，真的下起来，全不是那么回事，每盘棋都不可能事先完全设计好，只能随机应变。没有那么多时间思考，你的对手在等着，必须当机立断，还不能悔棋，前面下的每一步，都是后面的伏笔，你只能暗自后悔，但不能改变。当然，下棋总要有个基本的规矩，人生也是这样，这规矩对每个人都是一样，只要商定了，谁也不能破坏。在公平的规则里，你能棋高一着，才是真的高明，令人敬服。棋与人生却又并不完全相同，这一盘下得不好，

围棋

还有下一盘，可以一直总结经验。人生却只有一次开始，一次结束，是胜是负，只是这惟一的一盘棋，全看你在途中怎样调整。这么说来，棋盘像是人生的试验场，在其中锻炼的能力，是用来走过人生之局里下一步的准备。再换个角度说，我们每个人，也都好像是命运的棋盘上一颗微小的棋子，下面怎样走，并不是我们可以自主决定的，它充满了偶然。却不要在命运的棋盘里陷得太深，能够做好这偶然中的那份主动与必然，你就是人生的棋圣了。

幽兰清芬（端午节）

端午节为农历五月初五，是夏季里最重要的传统节日。端午节可谓我国传统节日中称谓最多的一个，有端阳节、午日节、五月节、五日节、重午、午日、天中节、夏节、粽子节、解粽节、龙舟节、地腊节、屈原日、诗人节等等。在该日，古人有以兰草汤沐浴的习俗，故又叫“浴兰节”，有挂菖蒲、艾草辟邪的习俗，故又叫“菖蒲节”、“艾节”。兰草与蒲艾都是香草，它们不仅具有芬芳的香气和药用效果，还象征着高洁的人格。

农历五月天气开始燥热，民间认为五月是五毒（蝎子、蛇、蜈蚣、蜘蛛、蟾蜍）出没之时，人易生病，瘟疫也易流行，而且蛇虫繁殖，易咬伤人，所以端午在古人心目中有“毒日”、“恶日”的称谓。因此端午节的节日活动中又包含了很多辟邪、消灾、驱虫、止瘟的习俗。香草在其中起到重要作用，如以兰草、蒲、艾等香草煎水洗澡，解暑化湿。艾草、菖蒲、桃木、榕枝、石榴、胡蒜、山丹等也常在端午时被悬挂于门上，用来辟邪驱毒。人们此时还会佩戴香囊，内含白芷、川芎、芩草等中草药，或驱邪的灵符、铜钱、辟虫的雄黄粉，香囊上的图案也很有讲究。制作精美的香囊、荷包还成为受人喜爱的民间工艺品。端午可谓传统的医药卫生节，是人们与疾病、毒虫做斗争的节日，今天这些卫生习俗仍然值得传承。

屈原是与端午节紧紧相连的一位大诗人，除了粽子、龙舟，香草也是他们之间的纽带呢。香草为屈原所钟爱，《离骚》中就有“扈江离与辟芷兮，纫秋兰以为佩”，“余既滋兰之九畹兮，又树蕙之百亩。畦留夷与揭车兮，杂杜衡与芳芷。冀枝叶之俊茂兮，愿竢时乎吾将刈”这样的句子。其中，江离、芷、兰、蕙、留夷、揭车、杜衡都是香草名，古人用来做服饰和装饰品，屈原也栽培、佩戴它们，并以此比喻贤德之人。江离，就是古诗“上山采蘼芜”中的蘼芜，今名芎䓖、川芎；芷，今名白芷，是《楚辞》中出现次数最多的一种香草，并使用了芷、茝、莞等多种名称；兰，今名泽兰，还包括华泽兰、佩兰；蕙，今名九层塔，又称零陵香、薰草；留夷，就是今天的芍药；揭车，今名珍珠菜；杜衡，今名杜蘅。屈原的作品中，香草的形象出现的非常频繁，其中，以“兰”最具代表性。这个“兰”并不是我们现在所说的兰花，而是菊科的泽兰，属多年生草本植物。它们多生长在湿地，因多生在泽旁而得名，茎叶有香味，可以制成香料，也可以用来杀毒、沐浴、除臭，有了这些特性，泽兰在良莠不齐的花草丛中，显得特别清洁、芬芳，像屈原那样将兰随身佩戴，便是对高尚的君子人格的体认追求。

孔子也是爱兰之人，东汉蔡邕在《琴操》中记载：“《猗兰操》者，孔子所作也。孔子历聘诸侯，诸侯莫能任。自卫反鲁，过隐谷之中，见芗兰独茂，喟然叹曰：‘夫兰当为王者香，今乃独茂，与众草为伍，譬犹贤者不逢时，与鄙夫为伦也。’乃止车援琴鼓之云：‘习习谷风，以阴以雨。之子于归，远送于野。何彼苍天，不得其所。逍遥九州，无所定处。世人暗蔽，不知贤者。年纪逝迈，一身将老。’自伤不逢时，托辞于芗兰云。”当孔子周游列国，却无法施展自己的才能之时，看见山谷中的应当在王者身边的兰草与众草为伍，正如同怀才不遇的贤人与浅薄之人混杂在一起。韩愈的《幽兰操》：“兰之猗猗，扬扬其香。众香拱之，幽幽其芳。不采而佩，于兰何伤……”更是突出了兰的幽静清高，将君子处世与深谷幽兰相比照。古琴曲《幽兰操》为人熟知，2010 年初上映的电影《孔子》，也以此为名谱写主题曲，对兰草与君子和儒家文化之间的关系，做了有益的阐释。

(明)孙克弘《玉堂芝兰图》(现藏于河南博物院)

随着化学制药技术的兴起，我们离天生天养的香草已经渐行渐远，当身畔的清香由天然变成了人造，当对香草的珍爱渐渐式微，人失去了清芬，香草也失去了伙伴，对高尚人格的追求，也在这个过程中，被现代人淡失了。

同舟竞渡(端午节)

在端午节的诸多习俗中,赛龙舟是影响很大并且在当代也得到了很好的继承发扬的一种。据说,楚国大夫屈原因为遭遇谗言,于五月初五自投汨罗江,楚人闻讯马上划船营救,水面上小舟众多,仿佛竞渡。后来为了寄托哀思,人们在端午之时仍然荡舟江河之上,逐渐发展成为龙舟竞赛。船只被做成龙形,刻有龙纹,制作龙舟要寻找长而坚固的上好木料,为了加快速度,杉木逐渐取代了传统的松木,船身也更加修长轻盈。赛龙舟成为民间传统水上竞技项目,并进入了现代体育的大家庭。1976 年,香港于筲箕湾避风塘首次举办世界龙舟邀请赛,拉开了龙舟竞赛现代化、国际化和规范化的序幕。1983 年,中国首次派队参加龙舟大赛。1984 年,原国家体委将龙舟赛列为体育比赛项目。1985 年,香港首次举行世界女子龙舟锦标赛,将龙舟竞技推广到女性运动员。当代的龙舟比赛已经形成了较完备的赛制,会根据龙舟的大小等分成组别,赛道有直道竞速和环绕赛。比赛应设在静水水域,直道竞速中设男女 250 米、400 米、500 米、600 米、800 米、1000 米等距离,每条航道宽度有 9 米、11 米、13.5 米不等。航道最浅处水深不得少于 2.5 米,航道内不得有水草、暗礁和木桩,航道外 5 米内要没有障碍物。参赛队员一般为 25 人,每队登舟比赛队员为 23 人,包括舵手、锣手、鼓手各 1 人,划手 20 人,还有替补队员 2 人。每年,华夏各地的龙舟爱好者都会举行很多大大小小的比赛,两岸三地的龙舟队伍也经常切磋较量,而且,龙舟与西方盛行的赛艇运动相类似,外国人士现在也经常参加龙舟比赛。作为中国优秀的传统竞技项目,龙舟已经成为了增进国内外交流的友善桥梁。在2010年的广州亚运会上，龙舟第一次成为亚运会的正式比赛项目，共设置6个项目，分别是男、女标准龙舟1000米、500米和250米直道竞速。来自东亚、东南亚的多个国家都派出了代表队，中国女队表现出众，而在男子项目中，独占鳌头的是印尼队。

“同舟共济”，是龙舟运动的内蕴。十几至几十人不等的桨手同在一条船上，它们彼此之间，与舵手之间，都必须达成默契，形成合力。这是竞技技巧，也是竞技精神，在历史的长河中，人类的发展，无论顺水扬帆还是逆水行舟，都需要同甘共苦、患难与共。说来“同舟共济”这个我们经常引用的成语的出处，其实并不如此温暖昂扬，反而是别一种的兵术权谋。《孙子兵法·九地》中言：“故善用兵者，譬如率然。率然者，常山之蛇也。击其首则尾至，击其尾则首至，击其中则首尾俱至。敢问：‘兵可使如率然乎？’曰：‘可。’夫吴人与越人相恶也，当其同舟而济，遇风，其相救也如左右手。是故方马埋轮，未足恃也；齐勇如一，政之道也；刚柔皆得，地之理也。故善用兵者，携手若使一人，不得已也。”孙武认为，善用兵的人，就像常山的一种蛇“率然”一样，打它的头，尾巴就来相救，打它的尾，头就来相救，打它的中间，头尾都来相救。如何使军队也这样统一呼应呢？这就比如吴国人和越国人交恶，但当他们在一艘船上渡河时，遇到大风也会犹如左右手一般相互救援。所以，要想使全军齐心勇敢，就要将他们置于迫不得已的绝境。认可兵不厌诈的孙子在战场上可不管仁义道德，要想激发军队的战斗力，就要置之死地而后生。虽然有些狠厉，但想想项羽的破釜沉舟，韩信的背水一战，班超的不入虎穴、焉得虎子，皆是胜在险中求。虽然竞技场不是战场，但龙舟竞赛时选手们又何尝不是使出全力，不留余地。同舟共济，无论是温暖的互助，还是激烈的拼争，都彰显了人类作为一个群体的守望相助的本能和情谊。

端午的许多习俗与屈原有关，我们不妨再去屈原的老家看看。这位大诗人的故乡在湖北省宜昌市秭归县乐平里，现在当地仍有屈原庙，屈原的后人在其中看守。明清时期，人们在屈原庙里还结诗社，举行诗歌比赛。那里一直流传着许多与屈原有关的风俗和传说，老百姓总结成了一首诗："端午处处挂香艾，牛不用绳听人摆。丧葬均用红棺材，古井当作梳妆台。石洞书声千古在，男女老少赶诗赛。屈原当作神仙拜，无鼓鼓声响天外。""古井当作梳妆台"，便是说这里的山中有一口水井，是屈原在当年为两位姐姐照镜子梳妆打造的，俗称"照面井"。传说屈原投江之后，这口井有了灵性，可以分辨忠奸善恶。善良的人越照越漂亮，卑劣的人越照越丑陋，吓得一些人都不敢去古井边了。"牛不用绳听人摆"，是说这里的耕牛不用农民用绳子拴住，自己

龙舟

就知道犁地的方向。这些带着神秘色彩的说法在民间长久流传，表现出人们对屈原的深刻怀念。屈原的高洁人格，两千多年以来，一直是国人的榜样，是故里的骄傲。他对善恶的原则，绝不动摇，对龌龊的宵小，大加贬斥，甚至在他死后，他打造的古井还能分辨忠奸，对邪恶小人具有警示作用。作为一名文学家，屈原能够如此深入持久地影响到民俗领域，可以说在世界文学史上都是非常难得的，我们在学习他的品行修养和艺术成就的同时，也应该多多了解相关的民俗，将文学史与民俗史结合在一起，扩大我们对祖国各地文明习俗的整体了解。

角黍情思（端午节）

与剑拔弩张的赛龙舟和形形色色的驱毒辟邪相比，包粽子在端午习俗里最是温情脉脉。我们每个人的少年记忆中，几乎都有围在母亲和外婆身边，看她们包粽子的情景。整个过程等下来，肚子早就饿了，咽着口水守到粽子出锅，忙不迭一只一只剥开来，格外香甜。大大小小的节日，蕴藏着深厚的内涵，喧腾着热闹的场面，但生活毕竟都是人在过，对每个人而言，亲身的经历和参与，才是节日带来的最切实的感受。粽子不仅牵连着我们的味觉，更是连接着心里面最柔软的那个部分。

粽子是端午节的特色食品，也与屈原有关。传说屈原死后为蛟龙所困，人们就在端午日投五色丝粽子于江中，以驱蛟龙。粽子成为民间重要的传统食物，形成许多样式，每年农历五月初，家家户户浸糯米、洗粽叶、包粽子，北方多包枣粽、豆粽，南方则有鲜肉、火腿、蛋黄等多种馅料。其实，粽子的出现远在屈原之前。从粽子的原名——角黍，就可以看出它的历史。

民以食为天，我们常用“五谷”来代指粮食，五谷，指华夏民族早期食用的五种谷物：稻、黍、稷、麦、豆。这其中的黍，现在叫作黄米，从先秦到唐宋时期，一直是中国人的主食，用叶子包裹黍烹熟食用的方法，也出现得很早。用菰叶（茭白叶）包裹黍制成“角黍”，是楚人远古的风俗，后来与纪念屈原联系在一起，粽子逐渐与端午节有了不可分割的关系。

黍，不仅是重要的粮食，它还带着浓厚的故国乡情的色彩。《诗经》中的《王风》，有一篇叫作《黍离》：“彼黍离离，彼稷之苗。行迈靡靡，中心摇摇。知我者，谓我心忧。不知我者，谓我何求。悠悠苍天，此何人哉？彼黍离离，彼稷之穗。行迈靡靡，中心如醉。知我者，谓我心忧。不知我者，谓我何求。悠悠苍天，此何人哉？彼黍离离，彼稷之实。行迈靡靡，中心如噎。知我者，谓我心忧。不知我者，谓我何求。悠悠苍天，此何人哉？”《毛诗》的解读，给了这首诗一个背景：“《黍离》，闵宗周也。周大夫行役至于宗周，过故宗庙宫室，尽为禾黍。闵周室之颠覆，彷徨不忍去，而作是诗也。”西周倾覆之后，再路过故都，只见昔日宗庙宫殿所在之地已经尽是庄稼生长了，怎不让人陡然升起亡国之痛、兴亡之感。行人在其中缓缓而行，无所适从，只有知己，才能知我心忧，可是，天下之大，知己何在呢？繁华落尽，又是为何呢？诗人只能问天而叹。遥想密密麻麻的禾黍中那位孤独凄怆的异乡人，这幅定格的画面回映在中国诗歌的长卷里，每一个人在某一个时刻，都曾经是他，都曾经懂他。

钢筋水泥的丛林迅速扩张，茂盛的耕地渐渐缩小，忙碌的人们可还有那份黍离中的社稷情怀？粽子也慢慢变成了直接从超市买回来的包装品或是徒有华丽外表的交际礼品，一家人围着粽叶糯米拉着的那些家常，也随着起早贪黑的辛劳减少了。粽子所包裹的家与国的情思，可还在吗？

粽子

东边日出西边雨（夏至）

夏至，位列二十四节气中的第十，在阳历的 6 月 21 日或 22 日，表示炎热将至。在北半球，一年中在夏至日这天白天最长，黑夜最短。“夏至三庚数头伏”，到了夏至之后的第三个庚日，就要开始数头伏了，过了夏至，就意味着一年中最热的时节就要到来了。

在民间，有“冬至饺子夏至面”的习俗，因为炎热，夏至日里的面，多是冷面，将面过水降温后再吃，符合时令，直至现在，大江南北还有许多冷面的种类，是大家在夏季里非常喜爱的美食。这时岭南地区的荔枝正好，这是非常美味的水果，苏轼的“日啖荔枝三百颗，不辞长作岭南人”，将人们对荔枝的喜爱做了极致的形容，唐代大诗人白居易在《荔枝图序》中说它：“朵如葡萄，核如枇杷，壳如红缯，膜如紫绡，瓤肉莹白如冰雪，浆液甘酸如醴酪。”真是色香味俱全。但是白居易又说到：“若离本枝，一日而色变，二日而香变，三日而味变，四五日外，色香味尽去矣。”荔枝只生长在南方，又特别容易变质，所以自古以来，运送荔枝到北方就是一件非常耗费人力的事。《后汉书》中就已经记载：“旧南海献龙眼荔枝，十里一置，五里一堠，奔腾阻险，死者继路。”为了将荔枝以最快的速度送到宫廷，许多运送的人甚至在途中的奔波里送了性命。到了唐代，杨贵妃好吃荔枝，唐玄宗为了讨得美人欢心，不惜民力，长期令岭南特供。晚唐诗人杜牧的《过华清宫》就用“一骑红尘妃子笑，无人知是荔枝来”的名句，来讽刺深宫之中为了享乐不顾民间疾苦的奢靡做法。苏轼的《荔枝叹》更是对贡荔制度的长篇控诉：“十里一置飞尘灰，五里一堠兵火催。颠坑仆谷相枕藉，知是荔枝龙眼来。飞车跨山鹘横海，风枝露叶如新采。宫中美人一破颜，惊尘溅血流千载。永元荔枝来交州，大宝岁贡取之涪。至今欲食林甫肉，无人举觞酹伯游。我愿天公怜赤子，莫生尤物为疮痏。雨顺风调百谷登，民不饥寒为上瑞。君不见，武夷溪边粟粒芽，前丁后蔡相宠加。争新买宠各出意，今年斗品充官茶。吾君所乏岂此物，致养口体何陋耶？洛阳相君忠孝家，可怜亦进姚黄花。”曾经谪居岭南的苏轼，非常了解百姓在常年贡奉荔枝的负担及疾苦。他先以纪实的手法，追溯了汉唐之时的贡荔制度荼毒生灵的危害，然后毫不客气地指责当朝的大臣“争新买宠各出意”的做法。不仅是荔枝，一些地方出产的特殊物产，都被官员们作为争功邀宠的工具，他们在其中牟利，可是老百姓却因此遭受了祸害。苏轼甚至大声疾呼“我愿天公怜赤子，莫生尤物为疮痏”，请求老天不要产生各种招人喜爱的东西，这反而会给当地百姓带来无限的苦楚。小小的荔枝上面，浓缩着许多罪恶和苦难，令人深思。

在夏至日，还发生过一个著名的故事，就是“杯弓蛇影”。东汉应劭在《风俗通》中记载：杜宣在夏至日的时候，到朋友家中饮酒，看见酒杯中似有蛇，但碍于面子，又不敢不饮。喝下酒后，胸腹很痛，多方医治，也不见好。后来，他得知，那天之所以会有蛇在杯中，是因为墙壁上挂着一张弓，弓的影子正好映在酒杯中，影子好像一条蛇。知道了原委，杜宣的病立刻痊愈了。后来，人们就用“杯弓蛇影”这个成语，来比喻疑神疑鬼的人。

夏至以后，地面热度增强，空气对流加强，在午后至傍晚，经常出现雷阵雨。由于它来得快也去得快，而且范围小，人们称之为“夏雨隔田坎”。中唐诗人刘禹锡巧妙地借着这种天气，写出“东边日出西边雨，道是无晴却有晴”的著名诗句。这首《竹枝词》全诗是：“杨柳青青江水平，闻郎江上踏歌声。东边日出西边雨，道是无晴却有晴。”诗人巧妙地运用了夏日雨的特点和“晴”

（清）杨晋《豪家佚乐图》（局部）（现藏于南京博物院）

与“情”字的谐音，在双关的手法中表现出了青年男女之间的微妙感情，妙趣横生。这倏忽而来又倏忽而去的雷阵雨，在夏日里带来了难得的清凉，如同这样美妙的诗句一样，令人身心疏朗。

蝉噪林逾静（小暑）

小暑在二十四节气中位列第十一，在阳历的 7 月 7 日或 8 日。表示开始炎热，但还没到最热。三伏，分为初伏、中伏、末伏，是一年中最热的时候，小暑到了，该入伏了，“夏至三庚数头伏”，这是确立初伏的依据。前面我们讲到过十个天干和十二个地支，两者交叉配合，可以有六十种组合，遇到包含天干中的“庚”的，就叫做“庚日”。由于天干有十个，所以，每隔十天就会出现一个“庚日”。夏至日之后，遇到的第三个庚日，就是入初伏的时间了。然后第四个庚日到第五个庚日为中伏，立秋后的第一个庚日到第二个庚日为末伏。每一个庚日相隔 10 天，中伏天数不固定，夏至到立秋之间有 4 个庚日时，中伏为 10 天，有 6 个庚日时，中伏为 20 天。对应到现在的历法，三伏约在 7 月中旬到 8 月中旬这一段时间。可见，一年中最热的时候并不是白天最长的夏至日。夏至过后，虽然白天的时间开始缩短，黑夜的时间开始延长，但是一天当中，白天还比黑夜长，每天地面吸收的热量仍比散发的多，近地面的温度也就一天比一天高。一直积累到了“三伏”期间，天气也就最热了。再往后，地面吸收的热量开始少于地面散发的热量，温度开始慢慢下降。

“伏”，是一个会意字。从人，从犬，意思是人像狗那样匍匐着。它的本义是俯伏，于是有了表示潜藏的引申义。三伏的“伏”，就是潜藏、躲避的意思，既表示人们潜藏起来躲避酷暑，也表示此时的炎热中间，潜伏着寒冷的因素，趋向是热极转凉。这亦是中国文化的思维方式中注重发展趋势、着眼于将来的特征的体现。

有一种声音，常常鸣响在我们身边，而在小暑节气里，显得特别频繁刺耳，那就是蝉鸣。它仿佛是暑期的固定配乐，是炎热天气里从不失约的座上宾。蝉属于节肢动物门、昆虫纲、同翅目、蝉科，因为它鸣叫声音的谐音，又称“知了”。它的种类较多，发出声音的是雄蝉，它们的腹部有一个发声器，能连续不断地发出响亮的声音，雌蝉则不能。蝉的幼虫变为成虫时，要脱掉蝉壳，这个蝉壳可以入药，称为“蝉蜕”，这个词也用来比喻从某一种环境中脱离出来。蝉的躯体在原来的基础上得以延伸，称为“蝉联”。这个词就有了比喻连续保持、连绵不断的意义。人们将这个词用在体育比赛中，表示连续获得某一个名次。如连续获得了冠军，就叫“蝉联冠军”；保持了亚军，就叫“蝉联亚军”。这里还要特别说一下，“蝉联”可以用于冠军，也可以用于亚军、季军等，但和它意思相近的“卫冕”，只能与冠军搭配。为什么呢？“冕”本指帝王的皇冠或礼帽，皇帝登基时把皇冠加在头上就叫“加冕”。取得赛事冠军，就好似称王了一般，所以也称为“加冕”。所以能够连续获得冠军，就是保卫自己的冠军地位，称为“卫冕”。而王只能有一个，所以卫冕亚军、季军等说法，是错误的。

在中国著名的“三十六计”中，有一计叫做“金蝉脱壳”。蝉脱壳而去，将蝉衣留下。此计用在军事上，是指通过伪装稳住对方，摆脱敌人，己方暗自撤退或转移，使自己脱离险境，达到己方的战略目标。金蝉脱壳的计谋，在中国历史上有过多次的巧妙运用。三国时期，诸葛亮北伐之时出师未捷身先死，在五丈原病死于军中。为了不使自己病逝的消息影响到蜀军的撤退，诸葛亮在临终前向姜维密授退兵之计。姜维遵照诸葛亮的吩咐，在诸葛亮死后，秘不发丧，蜀军秘密撤退。魏军主帅司马懿紧紧追击。为了迷惑魏军，姜维命工匠仿照诸葛亮的摸样，雕了一个木人，坐在车中。并派将领率领一些人马大张旗鼓，向魏军发动进攻。魏军远远望见蜀军，只见军容整齐，诸葛亮稳坐车中，都不敢轻举妄动。司马懿畏惧于诸葛亮平日的计谋，怀疑这是诱敌之计，于是命令部队后撤。姜维趁机指挥主力部队迅速转移。等司马懿得知诸葛亮已死，再进兵追击之时，蜀军仿佛金蝉脱壳一般，已经安全撤回汉中了。

在《庄子·山木》里，讲了一个"螳螂捕蝉，黄雀在后"的故事。庄周看见一只异鹊从南方飞来，它的双翼宽广有七尺，眼睛大有一寸，触到了庄周的额头后，停在了树林之中。庄周说："这是什么鸟啊！翅膀很大却飞不远，眼睛大却看不清东西。"于是他提起衣裳快步走去，手拿弹弓，准备伺机射杀异鹊。这时，庄子看见一只蝉，它为了找到一块浓荫栖身，忘记了自身的安全。一只螳螂正在利用树叶做遮蔽，准备攻击这只蝉，它因为见到猎物，而忘记了自己的形体。异鹊看见螳螂，也跟了过去，因为贪利而忘掉了自身的性命也在危险之中。庄周看见，惊恐地说："哎！万物原本就是相互牵累，彼此之间相互招引呀！"它们是这样，我难道不是吗？想到这里，急忙扔掉弹弓往回走，而守园子的人还是发现了，责骂着追逐庄子。这则著名的寓言故事里，其中的每一个参与者，都有另一个对他构成威胁的物体等在他的身后，他们沉迷于眼前的利益，却忘了自身也处在危险之中。这真是说透了世间万物之间的微妙联系，也昭示出世事的凶险，令人警醒。后来西汉的刘向在《说苑 · 正谏》篇中，记载了揭示这个道理的另一则故事。吴王要进攻楚国，向左右大臣警告道："如有人敢于进谏，就叫他死！"有一位年轻的侍从，想谏又不敢，他就怀揣弹弓，在后花园游玩，露水沾湿了衣裳，连续三个清晨都这样。吴王知道了，问道："你何苦把衣服沾湿成这个样子？"年轻的侍从回答道："园子里有树，树上有蝉，蝉在高高的树枝上鸣叫，饮用露水，却不知螳螂就在它的身后。螳螂俯低身子要捉蝉，却不知黄雀还在它的身旁呢！黄雀伸着头颈要啄螳螂，却不知我拉开了弹弓在下面等着呢！它们三个都想得到自己的利益，却不顾身后的祸患啊！"吴王明白了他的进谏，进攻楚国会使吴国陷入危险的境地，故而停止用兵。

古来咏蝉的诗歌也很多，多是以蝉寄居高树、鸣叫凄楚来起兴。其中李商隐的五律《蝉》特别有警策意义："本以高难饱，徒劳恨费声。五更疏欲断，一树碧无情。薄宦梗犹泛，故园芜已平。烦君最相警，我亦举家清。"蝉栖息于高高的树上，餐风饮露，所以难饱。正像诗人的为人清高，因而清贫。蝉难饱，发出怨恨的鸣叫声，却是徒劳的。这叫声到五更时分已稀疏得快要断了，可是一树的绿叶并不为蝉鸣欲断而悲伤难过，还是那样冷酷无情。诗人自己在各地充当幕僚小官，颠沛流离，像是水中木到处漂流。故乡的田园将要荒芜了，我是不是该回去呢？蝉的鸣叫声，是在提醒我这个境遇相仿的人吧，与其继续这样举家清贫的漂泊生活，倒不如回到故里呀。唐代咏蝉诗里，还有两首特别著名的，与李商隐这首并称"咏蝉三绝"，即虞世南的《蝉》："垂緌饮清露，流响出疏桐。居高声自远，非是藉秋风。"和骆宾王的

《在狱咏蝉》："西陆蝉声唱，南冠客思深。不堪玄鬓影，来对白头吟。露重飞难进，风多响易沉。无人信高洁，谁为表予心。"这两首，则是说的秋天的蝉了。南朝梁代诗人王籍的《入若耶溪》，其中亦有与蝉有关的千古名句"蝉噪林逾静，鸟鸣山更幽"，诗人以动写静，用典型的声响，将山林的静谧衬托出来，令人如临其境。夏日的午后，朦胧欲睡之时，蝉的叫声在耳边不断鸣响，却除了它再无别的嘈杂，当真是愈静而蝉愈噪，这炎炎夏日里，蝉成了整个世界最活泼的那一位。

蝉

盛夏晒书日（晒书节）

农历六月六，正是盛夏时节，家里的衣服、被褥，都要拿出来晒晒，去霉杀虫。书籍字画，更是怕腐蚀，于是有了"晒书节"。此外，古时也有七月七晒书的习俗。自从先民以各种方式记录信息以来，书就是人类的历史能够保存、传承的重要媒介，随着纸张的发明使用，纸质书籍成为普遍，而印刷术的不断进步，书籍越来越普及，作为文字图画的载体，将知识的种子播向五湖四海。我国闻名于世、造福万代的"四大发明"，就有造纸术与印刷术，书籍不仅记录了中国辉煌的精神文明，也体现了中国杰出的科技文明。当下，又是一个崭新的时代，方兴未艾的电子书引发了深刻的阅读革命。电子书利用计算机技术将一定的文字、图片、声音、影像等信息,通过数码方式记录在以光、电、磁为介质的设备中,借助于特定的设备来读取、复制、传输。它与以纸张、油墨、印刷、装帧等为主要技术的纸质书籍有巨大的变化,是在数字化时代应运而生的新型的书籍样式。它的发展势头非常强劲,可以预见,在不久的将来,它将代替纸质书,那么,"晒书"的活动,对大多数人而言,将更加远去了。

这并不值得过分担心,新陈代谢本就是世界的规则。尽管我们这些爱书人对纸质书都很有感情,我们都习惯于油墨的清香和纸张的脆响,我们都享受午后、睡前的几页阅读,我们都珍爱收藏的善本书和好不容易集齐的喜爱的作家作品的各种版本,我们都曾将吃饭的钱省下来换一本新杂志,我们都曾一遍遍地整理书架,我们都曾在书的天头地脚留下当时的心情记录……但是,电子书更加符合目前人们对书籍的内容、阅读、携带、体验的需求,这是毋庸置疑的。其实,无论书是在纸张上还是在阅读器里,它的内容才是决定其价值的最重要的标准,对自己喜爱的书,我们可以把电子版放在口袋里,也可以把纸版放在枕头边,随心所欲,这并没有什么二者必择一的冲突。

纸书要晒,电子书就不能晒吗?可以呀。先说一个古人吧,在南朝宋刘义庆的《世说新语·排调》中,讲到一个"郝隆晒书"的故事:"郝隆七月七日出日中仰卧。人问其故,答曰:'我晒书。'"郝隆是西晋大司马桓温手下的参军,博学多才,却没有得到重用,故而辞官回乡隐居。每年的七月七日当地有晒衣服的风俗,郝隆却仰面朝天晒太阳。人们问他,这是干什么呢?他回答道:我在晒书。郝隆自信于自己的学识,不需万担藏书,他的胸腹头脑里自然就有博大的知识学问。盛夏晒书的习俗，表达了人们对书籍的珍爱，也就是对真理真知的热爱。广义上来说，“晒书”也可以是抽象的，只要心中有书，阳光下就是一个饱满的人，无论得失进退，有学识傍身，是谁也夺不走、抢不去的。时至今日，“晒”字又有了新意义，在网络用语中，它表示将自己的稀有物品或是特殊技能等展现给别人的行为。新的时代里，每个人都可以更加便捷、主动地成为信息的发布者，只要有真才实学，键盘、鼠标、网络都可以帮助你轻易地成为一个“晒书”、“晒知识”的人。

（清）黄鼎《醉儒图》（现藏于广东省博物馆）

饮水思源（井神日）

水是生命之源，井，是江河湖海之外最普遍的取水之处。地下水干净清凉，滋养了井畔一代又一代生灵的繁衍生息。中国人对居所生活中的每一处都有讲究，将神灵与祭祀的观念引入家宅。在汉代《白虎通·五祀》中，就有门、户、井、灶、中溜（上神)五祀的说法,井神就是其中的一位家神。井神的诞日,在农历六月十一日,这天,人们在井前焚香供奉,祈求井神保佑井水香甜,滋养苍生。此外,除夕封井的习俗,也是表达对井神的敬意。传说在大年三十这天,井神要去东海龙王那里禀告这一年来人间用水的情况,初二返回,所以,人们就在除夕封井,初一不取水,初二一早,在井边祭拜,然后再汲水。

这份对井神的敬意,正是一种生活的态度、对待生命和自然的态度。人类作为万物的灵长,拥有了较之万物更加丰富多彩的生活,创造了不胜枚举的物质财富,但同时,人类也占用了最多的自然资源,深刻地改变了自然环境。在享用着自然赋予的源源不断的供给的同时,人们往往会忽略他们在多大程度上掠夺了自然、破坏了自然。自然资源并非取之不尽,用之不竭,当无节制的侵占超越了限度,自然便不再是人类的益友良朋,而变成恐怖的敌人,摧残吞噬。所以,认可万物有灵,强调对自然的尊重、敬畏,往往是一种值得肯定的态度。丰富的地下水资源,通过打井汲水的方式得以使用,为许多住处旁没有流动水源的人们提供了便捷的生活生产用水,这是人类运用自己的智慧改造自然、利用自然的有益方式,但是这种运用,并不能完全归功于人类的创造,它是以地下水的储量和质量为基础的,若水源枯竭或污染,对依靠它生活的人们将是巨大的打击。祭祀、供奉,这些方式看似带着迷信的色彩,其实它内在包含着未雨绸缪、居安思危的思想,也有可取之处。当人们以虔诚、敬畏的态度对待身边的环境时,有助于对自身的行为进行反思,加以规范。吃水不忘打井人,吃水也不应忘记水源何来,敬畏井中亦有神灵在,滥用、滥排的行为就会受到约束。古人的朴素认知,也许令人只是付之一笑，但是，检验我们自身，一次次重复着杀鸡取卵、饮鸩止渴的故事，又比古人高明多少呢？《吕氏春秋》中“竭泽而渔，岂不获得，而明年无鱼；焚薮而田，岂不获得，而明年无兽”的告诫，道理也许人人皆知，能在行动中遵循的，又有多少呢？

如人饮水，冷暖自知。我们享用着物质文明的巨大成果，也在承担着破坏自然的巨大风险，并且已经吞下了许多苦果。人类追求更多财富的脚步不可能停下来，进步发展的大旗依然会高高飘扬，但是，这其中的危机已经容不得我们置若罔闻。如何在发展的同时寻求人与自然的和谐？自然并不要求我们滴水之恩涌泉相报，只是我们在搜肠刮肚地想要获取更多自然资源的同时，也该想想我们能够为自然的完善做些什么。

止戈为武（大暑）

大暑，在二十四节气中位列第十二，在阳历的 7 月 23 日或 24 日，表示天气酷热，最炎热的时期到来。在小暑节气里，我们已经讲过伏天，是从阳历的 7 月中旬持续至 8 月中旬。从夏至日（阳历的 6 月 21 日或 22 日）后第三个庚日开始，进入十天的初伏；第四个庚日开始，进入为期十天或二十天的中伏；从立秋日（阳历的 8 月 7 日或 8 日）之后的第一个庚日开始，进入为期十天的末伏。大暑节气又正当三伏中最热的时候。气温高、气压低、湿度大、风速小，在这种时候，静坐不动都会出汗，如果此时还进行体力活动，水分、盐分会加速流失，甚至还会引发头晕、恶心、发热等中暑症状。但是“冬练三九，夏练三伏”，此时也是人们在严酷的气候环境里磨练自己的身体机能和心理素质的时机。在酷热和严寒的天气下锻炼，能提高身体的耐热和抗寒能力，从而达到防病健体的目的。而如果是习武之人，就更要不畏酷暑严寒，在极端的天气里，挖掘最大的潜能，成就技艺。不过，这种成就，并不是为了打家劫舍、械斗争胜，也不应是为了开宗立派、称霸武林，而是以武术成就自己的身与心，成就民族的道与义。

中国的武术博大精深，它的精髓，从“武”字的字形就可以窥见。“武”，是“止”和“戈”两字组成的会意字。在甲骨文中，就已经有了这个字，上面是“戈”，表示武器，下面是“止”，表示脚。合起来，象人执戈以行，是征伐动武的意思。后来，“止”和“戈”逐渐演化成为半包围的结构，“戈”的一撇去掉了，左上部多了一横，就成为了“武”字。“武”作为动武的意思，最初就用来指军事，如《尚书 · 武成》中言“偃武修文”，武器、武装、武力、武备、武士等词汇也由此义而来。引申为表示勇猛，如《诗经 · 郑风 · 羔裘》中言“孔武有力”，还有英武、威武等形容词，“武火”，表示烹饪时用的较猛烈的火。因为“武”字中本来就包含表示脚的“止”字，行伍之中又要讲究队列，所以，武又有了表示脚步及其距离的意义。古时以六尺为步，半步为武，“步武”一词，用来指不远的距离，或者跟着别人的步子走，效法他人，如“步武前贤”，就是学习、继承先前的贤者的意思。另有“踵武”一词，与“步武”同义，“踵”是指脚后跟。屈原的《离骚》已用到了这个词：“忽奔走以先后兮，及前王之踵武”。而“武”字的另一个重要的引申义，就是在武术、武艺、武功、武林、武侠这些词中，表示技艺这一义项。

武术既是一门传统技艺、体育活动、竞技项目，又是一种艺术美学、精神哲学。征伐之“武”与武术之“武”同为一字，“武”中的含义是非常深远博大的。《左传 · 宣公十二年》的记载里，楚庄王将“武”中的“止”字的意义转换成了“停止”，提出了著名的“止戈为武”的思想：楚国的大夫潘党出了个主意，要楚庄王建筑起武军以收取晋国人的尸体来建立京观，战胜了敌人就应该有纪念物给子孙看到，以不忘记武功。楚庄王回答，说到文字，“止”和“戈”两字合起来就是个“武”字。武，是用来“禁暴、戢兵、保大、定功、安民、和众、丰财”，即禁止强暴、消弭战争、保持强大、稳定功业、安定百姓、调和民众、充实财富的，所以要子孙铭记。现在两国士兵暴骨战场，就是“暴”；炫耀武力震慑诸侯，这不是“戢”；强暴而不能消弭战争，如何能“保大”？晋国依然存在，又谈何“定功”？违背了许多百姓的愿望，怎能说“安民”？没有德行而勉强使诸侯屈服，用什么来“和众”呢？以别人的危难作为自己的利益和光荣，拿什么来“丰财”？武的这七种德行，我一种都没有，用什么来昭示子孙呢！还是修建先君的神庙，报告胜利就可以了。武力不是我的功业。

从“武”字的本义来看，“止”并不是指停止，但这种意义的转换，是一种创造性的解读，也揭示出了武力的深层次的内涵。要能停止战争，停止暴力，才是真正的武功。“禁暴、戢兵、保大、定功、安民、和众、丰财”，“武”之中，也有这样广大深远的品德，它们都是崇尚和平、安定的。无论是战场上的武力，还是演武场上的武功，虽然都是以强力或技巧取胜，但是一切不以停止暴力为目的的武艺，都是不符合武学的本质，不值得被认可的。

“十八般武艺，样样精通”，我们常用这个词来形容武功技法的高超。这“十八般”的具体所指，有不同的说法，《水浒传》写到的十八般武器是：矛、锤、弓、弩、铳、鞭、锏、剑、链、挝、斧、钺、戈、戟、牌、棒、枪、扒。明万历年间谢肇淛的《五杂组》的表述是：“十八般：一弓、二弩、三枪、四刀、五剑、六矛、七盾、八斧、九钺、十戟、十一鞭、十二锏、十三挝、十四殳、十五叉、十六把头、十七绵绳套索、十八白打。”“白打”，就是徒手拳术。我们也可以将十八当做是一个约数，泛指中国武术中众多的兵器样式。进行武术训练，对人体的速度、力量、灵巧、耐力、柔韧等素质都会有极大的提高，而且人体的各部位几乎都参加运动，使人体得到全面锻炼。中国武术讲求内外合一，形神兼备，文以评心，武以观德，未曾学艺先识礼，未曾习武先明德，若不能在内心和品德上吻合武术的精髓，再大的力气、再多的训练、再花哨的招式，也不能练就高超的武艺。所以，武术是对一个人的身体素质和心理素质的全面提升，是中华民族引以为自豪的国艺。

武术在中国已经走过了几千年的发展历程，不仅在民间有众多的爱好者，群众基础广泛，还走进了现代体育的殿堂。武术在 1990 年北京亚运会上被纳入正式比赛项目，在 2008 年北京奥运会上是非正式表演项目。在 2010 年广州亚运会上，武术项目共产生 15 枚金牌，十分引人注目。亚运会武术比赛分为套路和散手两个项目。套路比赛中运动员身体的任何部位开始动作，即计时开始；运动员结束全套动作，计时结束，根据运动员完成动作的情况评分。散手比赛是两个运动员的对抗赛，分为不同重量级别比赛，以运动员的拳法、腿法等技术项目评分。无论是单人演绎还是两相切磋，都展示出了武术的力与美，也只有在技艺上精益求精，并且在涵养上心神合一的选手，才能技高一筹，令人敬服。

志在千里(马神节)

在农业生产中,马是必要的助力;在战场烽烟中,马是骁勇的斗士;在通衢大道上,马是奔腾的行者;在笔墨画作上,马是生动的风骨。在诗人的梦境里,马踏着冰河而来;在迷失的道路上,马指引着正确方向;在将军的帐幕下,马是最忠诚的伙伴;在侠客的江湖里,马随着宝剑走天涯。马,驰骋在平原丘陵草场溪流,它的身影为中华历史文明增添了许多勤勉与豪健。天行健,君子以自强不息,乃有金戈铁马中一马当先立下的汗马功劳,我们所推崇的刚强,在马的性情里得到了积极的投射。

隋唐以后各朝代都有祭祀马神的制度,到了清代将马神节定在农历六月二十三日。这一天,兵营里的武将、蓄养马匹的官员、喜爱骑马的家庭,都会祭祀马神,而且马车夫可以向乘客索取几倍的车钱。马王爷也多是红脸武将的打扮,手执刀枪,身披铁甲,威风凛凛。

无论是老骥伏枥,志在千里,还是驽马十驾,功在不舍,马都是无怨无悔地用尽生命来奔驰的。千里马则更加杰出,它们可以轻易地将千里江山迅捷地踏在脚下。然而奔驰的本能却并不一定带来奔驰的成果,伯乐与千里马的关系,在韩愈的《马说》里得到了犀利的辩证。千里马是经常有的,伯乐却不经常有。喂马的人不按照日行千里的技能来喂养它,千里马虽有此能力,也表现不出来。更具讽刺的是,养马的人并不觉得这是喂养的错,而是拿着鞭子站在千里马的面前说天下无马。春秋时代秦穆公时的著名相马师伯乐,被当做识马、识才的人士的通称。诚然如此,人才虽难得,能够发现人才、培养人才的人更加难得。更甚的是，处在相马地位的，多是拙劣的相马师，它们不但不能栽培良才，反而会漠视人才、打压人才、摧残人才，好的根基没有好的成长环境，最终不过是被埋没。正似王安石笔下的《伤仲永》，先天超人的才华，没有后天良好的教育引导，也无法达成千里之志。

当然，对大多数人来说，每个人的才能终究是有限的，并不都拥有千里马那样杰出的才能，但是，我们每一个人都能够，也应该拥有一颗志在千里的雄心。为这个远大的目标，时常砥砺自己，鞭策前行，不畏艰难，义无反顾。却也不可好高骛远，要谨记千里之行，始于足下，如骏马一般，踏实、潇洒地走自己的路。

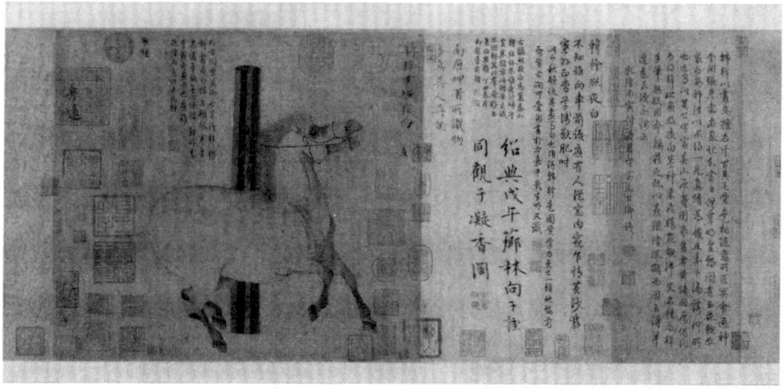

（唐）韩幹《照夜白图》（现藏于美国大都会博物馆）

花之君子（观莲节）

中国人对为人处世的追求，最高的境界，就是“君子”。以儒家思想为指针的传统文化，对君子的内在和行为作出了许多探讨和界定，并且在万物中发掘出了很多与君子人格相似的特点。莲花，也就是荷花、芙蕖、水芙蓉，是多年生宿根水生草本植物，它的花叶由地下茎的节部生出。叶漂浮或高出于水面，呈扁圆形或圆形盾状。花单生，呈红色、粉红色、白色等，在中国境内广泛分布。因为莲的生长习性，被视作百花中的君子，历来为人们喜爱、吟咏。农历六月，正是莲花盛开的时节，宋代杨万里的名诗《晓出净慈寺送林子方》就描绘了广袤的莲叶与莲花构成的绚烂美景："毕竟西湖六月中，风光不与四时同。接天莲叶无穷碧，映日荷花别样红。"人们如此钟爱的花在盛放季里，自是该为之庆生，农历六月二十四日，便是莲花的生日。现代作家周瘦鹃有名文《荷花的生日》，记录了彼时的观莲节景象："人有生日，是当然的，不道花也有生日，真是奇闻！农历二月十二日，俗传是百花生日；而荷花却又有它个别的生日，据说是农历六月二十四日。在前清时，每逢此日，画船箫鼓，纷纷集合于苏州葑门外二里许的荷花荡，给荷花上寿。"

我们看到最早的咏荷的诗歌，是《诗经·陈风·泽陂》的第一章："彼泽之陂，有蒲与荷。有美一人，伤如之何？寤寐无为，涕泗滂沱。"而最著名的一篇文字，当数北宋著名学者周敦颐的《爱莲说》："水陆草木之花，可爱者甚蕃。晋陶渊明独爱菊；自李唐来，世人甚爱牡丹；予独爱莲之出淤泥而不染，濯清涟而不妖，中通外直，不蔓不枝，香远益清，亭亭净植，可远观而不可亵玩焉。予谓菊，花之隐逸者也；牡丹，花之富贵者也；莲，花之君子者也。噫！菊之爱，陶后鲜有闻；莲之爱，同予者何人？牡丹之爱，宜乎众矣。"在周敦颐笔下，莲是遗世独立的峻洁，正如以芰荷为衣裳的屈原，天然去雕饰，表里如一，洁身自爱，虽长于污泥，但绝不同流合污，"出淤泥而不染，濯清涟而不妖"成了莲的千载定评，莲作为花之君子的节操得到了精妙的展现。

而清代作家李渔又在《爱莲说》之外别生出一段文字来，为这花之君子的特性凭添了更多风采："群葩当令时，只在花开之数日，前此后此皆属过而不问之秋矣。芙蕖则不然：自荷钱出水之日，便为点缀绿波；及其茎叶既生，则又日高日上，日上日妍。有风既作飘摇之态，无风亦呈袅娜之姿，是我于花之未开，先享无穷逸致矣。迨至菡萏成花，娇姿欲滴，后先相继，自夏徂秋，此则在花为分内之事，在人为应得之资者也。及花之既谢，亦可告无罪于主人矣；乃复蒂下生蓬，蓬中结实，亭亭独立，犹似未开之花，与翠叶并擎，不至白露为霜而能事不已。此皆言其可目者也。可鼻，则有荷叶之清香，荷花之异馥；避暑而暑为之退，纳凉而凉逐之生。至其可人之口者，则莲实与藕皆并列盘餐而互芬齿颊者也。只有霜中败叶，零落难堪，似成弃物矣；乃摘而藏之，又备经年裹物之用。是芙蕖也者，无一时一刻不适耳目之观，无一物一丝不备家常之用者也。"(《闲情偶寄·芙蕖》)周敦颐眼中的莲是脱俗的，李渔笔下的莲却是入世的。与大多盛放即谢、过而无影的花不同，莲可目、可鼻、可口、可用，它在生命周期中每一刻都是美的，它的功用贯穿于身躯的每一个部分。它将可以投入的每一寸生机都释放开来，将莲的高风亮节展开了一片新天地，比孤清的"可远观而不可亵玩"更具有了人间烟火气。当代作家朱自清脍炙人

荷花

口的散文名篇《荷塘月色》，细腻地描写了夏夜里月色铺洒的荷塘美景，别有一番风致。莲本就如此的美，更有丰富的内涵寄寓其中，怎不惹人怜爱。你我身边，莲皆是常见之物，在它的清香里，抖抖自己的俗尘秽意，也学着，做一个君子吧。

秋风起兮白云飞

我言秋日胜春朝(立秋)

立秋,顾名思义,表示秋季的开始。在二十四节气之中,位在第十三,在阳历的8月7日或8日。立秋后天气虽然不会立刻凉下来,甚至仍有暑气,即"秋老虎",但总的趋势是天气逐渐凉爽。"悲秋"是中国文人自古有之的情怀,秋季草木由盛转衰的渐趋破败的景象,每每引起人的悲慨,睹物思人,也不禁勾起怀才不遇的身世之感。不过,秋处在夏、冬之间,告别了炎热,又没有进入严寒,还真是一个美好的季节呢。所以文人们也有喜秋的,比如说这两首唐代诗人刘禹锡的《秋词》:"自古逢秋悲寂寥,我言秋日胜春朝。晴空一鹤排云上,便引诗情到碧霄。""山明水净夜来霜,数树深红出浅黄。试上高楼清入骨,岂如春色嗾人狂。"自古以来人们都说秋天是悲凉的,但在诗人看来,秋天万里晴空,山明水净,树叶转为美丽的红、黄,这样的美景里,又有那飞向高空的仙鹤,真是将诗兴都引到天上去了。

秋诚然是如此的美,甚至在许多人心中,更胜过了其余的季节。著名作家郁达夫在1934年的北平,创作了现代文学史上的散文名篇《故都的秋》,将秋天的动人,做了最出色的诠释:"不逢北国之秋,已将近十余年了。在南方每年到了秋天,总要想起陶然亭的芦花，钓鱼台的柳影，西山的虫唱，玉泉的夜月，潭柘寺的钟声。在北平即使不出门去吧，就是在皇城人海之中，租人家一椽破屋来住着，早晨起来，泡一碗浓茶，向院子一坐，你也能看得到很高很高的碧绿的天色，听得到青天下驯鸽的飞声。从槐树叶底，朝东细数着一丝一丝漏下来的日光，或在破壁腰中，静对着像喇叭似的牵牛花的蓝朵，自然而然地也能够感觉到十分的秋意。……北国的槐树，也是一种能使人联想起秋来的点缀。像花而又不是花的那一种落蕊，早晨起来，会铺得满地。脚踏上去，声音也没有，气味也没有，只能感出一点点极微细极柔软的触觉。……秋蝉的衰弱的残声，更是北国的特产，因为北平处处全长着树，屋子又低，所以无论在什么地方，都听得见它们的啼唱。……还有秋雨哩，北方的秋雨，也似乎比南方的下得奇，下得有味，下得更像样。在灰沉沉的天底下，忽而来一阵凉风，便息列索落地下起雨来了。一层雨过，云渐渐地卷向了西去，天又晴了，太阳又露出脸来了……北方的果树，到秋天，也是一种奇景。第一是枣子树，屋角，墙头，茅房边上，灶房门口，它都会一株株地长大起来。像橄榄又像鸽蛋似的这枣子颗儿，在小椭圆形的细叶中间，显出淡绿微黄的颜色的时候，正是秋的全盛时期，等枣树叶落，枣子红完，西北风就要起来了，北方便是沙尘灰土的世界，只有这枣子、柿子、葡萄，成熟到八九分的七八月之交，是北国的清秋的佳日，是一年之中最好也没有的 Golden Days.”

这故都的秋景，清静、深沉，透出淡淡的忧伤，浸润着浓浓的眷恋。秋之美销魂夺魄，秋中人深情悠闲，多么想一直驻留在这北国的秋里啊！

（南宋）刘松年《四景山水图·秋》（现藏于故宫博物院）

碧藕试初凉（立秋）

莲的花是美丽的荷花，果壳叫做莲蓬，果实叫做莲子，莲子中的胚芽叫做莲心，莲在地下的茎叫做藕。莲藕与莲子，是可目、可鼻、可口、可用的莲所结出的两种美味的食物。莲藕呈白色，中间有管状的孔，折断后有丝。口味极佳，可以生食也可以入菜，并且含有多种营养成分，对清热润肺、健脾开胃、安神醒脑都有可观的功效。

立秋过后，初凉的季节，就是鲜藕的最佳季节，它是此时人们餐桌上的常客。用藕作原料，可以做成许多家常菜，如凉拌藕丝、凉拌藕片、鱼香藕丝、鲜藕鸡片、鲜味藕荷、芙蓉雪藕、莲藕养颜汤，还有用藕制成的藕粉等等。而因莲藕“藕断丝连”的特点而得名的同名菜肴，是其中特别有趣味的。这道菜先将鲜藕去皮后洗净，切成菱形块，然后将鸡蛋加入盐和面粉调匀成糊状，放入藕块搅拌，使之包裹。用炒锅、旺火，将油烧至六成热时，下入挂糊的藕块，炸至外壳呈金黄色时捞出。此时炒锅内要留少许油，加入白糖，用中火不停地搅拌，将糖炒化，然后放入藕块，翻炒至糖液全部包裹在藕块上，就可以出锅了。这道菜香甜可口，丝丝牵挂，像是藕折开后白色的藕丝在断藕之间相连的形态。人们形象地把它称作“藕断丝连”。为什么会有这种现象呢？原来这丝是藕的导管。导管是植物生长时用来运输水和养料的组织，在藕被断开时，导管脱离，成为螺旋状的细丝，这些细丝有弹性，在一定限度内不会被拉断，一般可拉长至10厘米左右。“藕断丝连”成为了一则常用的汉语成语，比喻表面上好像关系已断，实际上仍然牵连着，多用在爱情的领域，表示情思难断。还有一条歇后语，叫做“钝刀子切藕——藕断丝连”，也是化用藕的此种特性。

因为藕的这种断而丝连的特点，加上“丝”与“思”又是谐音，用它来喻指情思非常恰当。唐代诗人孟郊的《去妇》，就是如此表达被抛弃的女子坚定的心意：“君心匣中镜，一破不复全。妾心藕中丝，虽断犹牵连。安知御轮士，今日翻回辕。一女事一夫，安可再移天。君听去鹤言，哀哀七丝弦。”男子的心像是镜子，破镜难重圆，而女子的心像是藕丝，断了仍相连。两则简短的比喻，却达到了很好的表意效果。

藕与荷，同根而生，在《红楼梦》大观园中，就有一处建筑，因为四面荷花盛开，而得名“藕香榭”。藕香榭由水榭、小亭子、曲廊和曲折竹桥构成，是大观园中一处非常重要的游乐场所。海棠社是在这里开，螃蟹宴也在这里设。四小姐惜春的住所“暖香坞”在这附近，海棠诗社中惜春就以“藕榭”为自己的雅号。贾母在大观园设宴，也让女戏子们在藕香榭的水亭子上演习乐曲。

出自淤泥的藕，当真是雅致呢！得自藕的特征的浅紫而微红的藕荷色，也时常出现在人们的衣着、饰物、家居中，文静素雅，很有气质。

莲藕

我们的爱情星（七夕节）

说起来，我们并不是一个以罗曼蒂克著称的民族，浪漫的爱意仿佛总有个礼法的外衣裹着，收束着炽烈的热情，若盯着欲的层面，就更加不合适了。然而转头一看，却总有关不住的红杏出墙来，文质彬彬的文明史上，爱情这条线也从来不曾黯淡，留下多少才子佳人痴男怨女，时时挑动着后人的口角心弦。

农历七月初七，天上会有两颗特别的星，隔着银河相望，经夜不散。年年此时，两星相会，他们为何不得长厮守？又为何总会守着约？遇合，约定，相守，离别，相思，重逢，哪一个不是爱情的必修课，怎能不勾动夜空下芸芸众生的情思？

牵牛织女的故事是美丽的。这夜空多美，晴朗的时候会有一条乳白色的亮带横亘，仿佛是天上的河流，它是我们所在的银河系的主体。那两颗星多美，他们隔着天河遥遥相对，织女星在银河之西的天琴座中，发出青色的光，与她旁边的四颗小星组成平行四边形，像是个织布用的梭子，因此女人们要在这天向织女乞巧，盼着有个好手艺；牵牛星在银河之东的天鹰座中，发出橙色的光，与他旁边的两颗小星组成一副担子的模样，仿佛挑着他们在人间诞下的一对儿女。这银河上还有一座鹊桥，那架桥的喜鹊也很美，它们长着黑色的羽毛和白色的肩腹，背部有蓝绿色的光泽，在山区与平原中都能见到，啼声婉转动听，人们将它视作吉祥的象征，还是姻缘的信使。它们到了夏天会脱掉一些毛，仿佛是七夕时为了架设银河上的鹊桥而劳累了，这一年一度的相会，还真亏了它们相助呢。两位主人公的故事，凄美动人，天上美丽的仙女与人间善良的小伙子，多么令人愉悦的天人眷侣。银河里的沐浴，河边的偷衣，巧妙的结合，幸福的婚姻，男耕女织的欢乐，可爱的小儿女，都是人们对爱情婚姻的有趣而美好的设想。这美好却总有着羁绊的，何况是仙人有别，王母娘娘又唱了白脸。想想我们自己的爱，不也是常受着压制，于是七月七每年是一定要庆贺的，打了多少心结，存了多少情话，一股脑要倒出来，这是属于爱情的日子。牛郎织女的故事算不得悲剧，却是真真凄美，它比大团圆的情节更接近爱情的现实，喜乐与哀怨，是交杂着的，相爱与相守，并不是必然的，却在两心相印的时刻，可以抛却了所有的身外事，只有我们俩，天地也是在我们心中的，至于明天又会如何，都不去管，这刹那，就是永恒了。

所以，古来咏七夕的诗词千千万，还是秦少游最得了七夕的情思："纤云弄巧，飞星传恨，银汉迢迢暗渡。金风玉露一相逢，

便胜却人间无数。柔情似水,佳期如梦,忍顾鹊桥归路。两情若是久长时,又岂在朝朝暮暮。"(《鹊桥仙》)

银河

心之灵手之巧(七夕节)

七夕是爱情节,也是乞巧节、女儿节,它不但是情人们的节日,也是女子们的节日。乞巧中最重要的"巧",便是男耕女织中的"女织"——穿针引线。作为古时女子们最重要的技能之一,在最擅长纺织的织女的节日里,女子们都会对月穿针,祈求自己能够拥有巧夺天工的手艺,还会进行很多相关的比赛。唐代林杰有一首著名的《乞巧》:"七夕今宵看碧霄,牛郎织女渡河桥。家家乞巧望秋月,穿尽红丝几万条。"就描绘了七夕节家家户户看天河、叙姻缘、穿针线的热闹场景。女子们将纺织缝纫当作了赏心乐事,巧手正是一颗灵心,这般细腻多情的夜,多么令人神往。

针与人类相伴的历史非常久远,在我国,用动物的骨头磨成的针在旧石器时代晚期就开始出现了，它的使用是早期人类制作生产工具的进步，是文明发展的重要体现。到了战国秦汉时期，铁针又开始广泛使用，时至今日，形形色色的针依然是人类不可缺少的生产和生活用具，针的娇小身躯连缀起了人类的漫长文明发展史。

荀子在《赋篇》中就写过一篇谜语："有物于此，生于山阜，处于室堂。无知无巧，善治衣裳。不盗不窃，穿窬而行。日夜合离，以成文章。以能合从，又善连衡。下覆百姓，上饰帝王。功业甚博，不见贤良。时用则存，不用则亡。臣愚不识，敢请之王。王曰：此夫始生钜，其成功小者邪？长其尾而锐其剽者邪？头铦达而尾赵缭者邪？一往一来，结尾以为事。无羽无翼，反覆甚极。尾生而事起，尾邅而事已。簪以为父，管以为母。既以缝表，又以连里。夫是之谓箴理。"而这谜底就是针（箴）。荀子对针作了非常形象的比喻，它来自于山间的铁矿，没有智慧却能缝制衣裳。它不偷盗，却要打洞而行，制成花纹式样。它能竖向连结，又能横向联合，下能够遮盖百姓，上能够装饰帝王。这是很大的功劳，它却并不夸耀自己的贤良。用它时，它就出现，不用时，它就隐藏。这是在说针，也是在说人。作为没有智识的工具，针能够毫无机心地履行它的功用，无论是平民百姓还是帝王将相，它都同等对待，为天下人缝制衣衫，算是泽被苍生的功劳，它却毫不炫耀，也不求名利。人们机关算尽的合纵连横，在它看来不过是简单的纹路而已。针最求精巧，却是大巧若拙，惟是它有纯粹的内在，但求勤勤恳恳，不去趋炎附势、沽名钓誉，所以能兢兢业业，做好本分，又能惠及他人。所以荀子的谜语，又是一则寓言，以针喻人，令人警醒。中国人追求与自然合一，从万事万物中能够提炼出很多真理。人世与自然,同在一个环境中,很多规则理路,都是相通的,万物给予人类的,不仅是物质资源,还有精神养分,因此有格物致知的古训,正是中国人思维中的源头活水。

七夕乞巧,乞求一双巧手,也是乞求一颗美好的心灵。佳人们心灵手巧,飞针走线,这初秋的佳节,也有颗蕙质兰心。

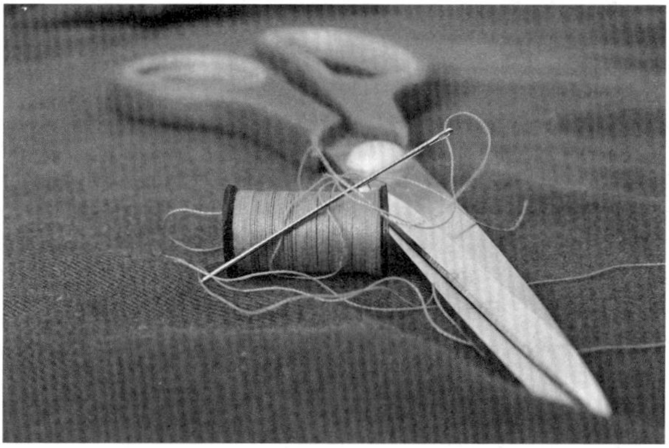

缝纫

微凉的秋(处暑)

处暑,在二十四节气中位列第十四,在阳历的 8 月 23 日或 24 日。表示炎热的暑期即将过去。处,是去、止的意思,处暑就是炎热到此而止了。民间的谚语说“春捂秋冻”,这时转凉了,但不用急着加衣,又说“春困秋乏”,开始有些起不来床,就应该保证充足睡眠,比夏季早一点上床睡觉,争取比夏天增加一小时的睡眠。室内也应该养些植物,调节室内空气,增加氧含量。原来天气的转凉并不是从立秋这个夏秋的分界开始的,立秋之后还有一阵“秋老虎”，也是热得很。这也是中国传统的思维方式的体现，什么事都要有个提前量，有个过渡期，不是一下子就由一种状态跨到了另一种状态，而是渐进的。这种思维符合自然界的规律，对我们处理人世的事情，也有很强的指导意义。不能急于求成，一蹴而就，要有一个发展变化的眼光，看到事物的趋向，在平和、顺遂的状态下完成过渡。“秋收”，不仅指收获，也指收敛，因此，情绪要慢慢收敛，凡事不要躁进亢奋，但也不能畏缩郁结。

处暑的止息，表示气温的转凉，也表示秋天的阳气隐而阴气盛，亦昭示着万物在夏日的蓬勃生长之后，生命力开始衰落，快到了凋落之时。秋季草木摇落的萧飒哀怨，在“处暑”这个节气的名字里，即可以品出端倪。这令人颇有一些感触。暑气伴随着最为茂盛蓬勃的夏季，它就好像生气勃勃，甚至有点像盛气凌人的年轻人，热情、活跃，温度高得令人觉得有点过了头，不太舒服，要用点方法降降温。而到了秋天，过了处暑，就好比青春渐渐走过，人成熟了，秋高气爽，不热不冷，最是宜人，但旺盛的热力却要退去了，人开始收敛，凋谢的因子已经悄然埋下，毕竟是走上了下坡路。当然下坡路的风景未必差，不似上坡时一门心思往上走的劲头，没有那个顶峰的目标在前面诱惑着，倒是可以走得更悠闲，路边的风景也有了心思去赏玩，也不会那么累了，只是膝盖小腿开始酸疼，筋骨的负累体现出来了，其实是上山攒下的，到了下去的时候才会感觉到。

人生就好比在一个攀登的过程里。想起曾经在某图书馆的墙壁上看到这样两句话：

一笔迹：山登绝顶我为峰。

又一笔迹：为峰干什么？踏实点吧！

谁不曾做过“会当凌绝顶”的梦呢？但事实上这种追求是存在着很多悖反的，比如说，攀登是一种必然的选择吗？不攀登留在平地不可以吗？比如说，攀登的过程终究是辛苦的，某些人能够享受这个过程，但又有很多人，在咬紧牙关的坚持后，却换来一句“为谁辛苦为谁甜”。而又有一种可能，好不容易登到了顶峰，却见雾气弥漫，远望的视野有限，蓄积已久的“一览众山小”的豪情就此闷在了心里。而更可怕的是，来到顶峰，如果是山雨欲来的时候，你离阴云的距离会比在山脚下更近，那种黑色的压迫感，会是一种实实在在的恐慌。

我最愉快的登顶经历是少年时在泰山，那是第一次见到白云在我脚下，柔软含蓄，像是一位君子之交的朋友。时至今日，下山已经这么久了，众山小的感觉，早已淡了，却还记得这片云的温柔。这，也算是攀登的意义吧。

由少年的热血走向心性的成熟，汉高祖刘邦的著名谋士张良的人生际遇是一个典型的例子。青年时代的张良是一个血气方刚的豪侠人物，作为韩国的贵裔，他雇佣杀手，为韩报仇，行刺秦始皇，结果事未成，侥幸逃脱。隐姓埋名的流亡生涯里，张良遇见一位圯上老人，这是他人生中的巨大转折。司马迁在《史记·留侯世家》中，记载了这段故事。这位老人命令张良为他捡起鞋子，还要为他穿上鞋子，又一连三次与张良约定相见，前两次张良都比老人后到，结果被呵斥，到了第三次，终于先到。老人在这一次又一次的折辱之中，一直在考验张良的忍耐力，结果张良忍了下来，使老人看到他的可塑性，以兵法相授，这成为日后张良富有计谋的基础。其实，给张良太公兵法是次要的，更重要的是磨炼了他的心性。张良那种任性逞气，将自己轻易地置于危险之地的暗杀行刺做法，很可能轻易丢失了性命，老人看准了这一点，通过一个陌生人的无理要求一次次地使张良感到屈辱，再一次次地忍下来，就是使得他明白必须忍耐才能成就大事。日后，张良追随刘邦，处处表现出了他的深谋远虑，成为刘邦身边的核心智囊，更是在许多危急关头做出关键性的建议，为刘邦一统天下做出重大贡献。刘邦发出了这样的感叹："夫运筹帷幄之中，决胜千里之外，吾不如子房"（子房是张良的字），佩服之情溢于言表，"运筹帷幄"也成为了对高明的军师谋士的共同赞语。北宋大文学家苏轼，就以张良的故事为对象，以"忍"为核心论点，写出一篇著名的散文《留侯论》。苏轼先讨论了"勇"，因为一点屈辱就拔剑而起，不计后果的做法，不是真的勇敢，真正的勇敢是面对突发事件能够保持镇定，面对无故的诋毁能够保持冷静，这才是宽广的抱负，才能成就大事业。然后苏轼分析了张良遇到圯上老人的事件，老人认为张良很有才能，却度量不足，所以深深折辱他的少年刚锐之气，使他可以忍小忿而就大谋。苏轼的眼光非常独到，使得这篇文章成为一篇著名的史论，它不仅揭示了张良的一项重要的素质，也对所有人的人格砥砺有指导性。在年少之时，我们都应该了解一下张良的人生历程，读一读《留侯论》这样的文章，学会收敛自己的意气，不能头脑发热，轻易地进入危险的境地，要珍惜自己的宝贵生命，扩大自己的涵养胸怀。

彼岸，此岸（中元节）

中元节，是中国的"鬼节"，颇有神秘的色彩。中元节的名称，得自道教，以正月十五日为上元，七月十五日为中元，十月十五日为下元。这天又是佛教的“盂兰盆节”。“盂兰盆”，原是印度语，意思是“解倒悬”。传说佛祖释迦牟尼有一个弟子，叫做目连，他见到自己的母亲在地狱受苦，成了不能吃喝的饿鬼，像倒挂在空中那样遭罪。于是用钵盛饭喂母亲，但还没吃进去，食物就化成炭火。释迦牟尼告诉目连，惟一的办法是每年的七月十五日，建盂兰盆会，供养十方鬼灵，超度一众饿鬼，他的母亲才能得到解救。目连照办，母亲得救，他自己成为地藏王的护法神。道家也认为这天与地官有关，地官在七月十五日来世上考察人们的善恶，因此道士们就在这天诵经，举行仪式祭拜地官。

人们对亡灵和鬼魂，有着特殊的情感，在传统节日逐渐式微的当下，农历七月十四或七月十五的鬼节，却依然吸引着人们的关切。生命的存在与消逝仿佛河之两岸，站在此岸尘世中的生灵，常常会牵念着彼岸的逝者，想象着彼岸的未知，探索着沟通两岸的桥梁。也许对彼岸的一切挂念都是虚幻的，但生命本身就是虚实相生的，若没有彼岸的意识，没有彼岸的感受，人的思想将失去重要的维度。

中国文化提倡理性与规范，如孔子在《论语·先进》篇中的态度：“季路问事鬼神。子曰：‘未能事人，焉能事鬼？’曰：‘敢问死。’曰：‘未知生，焉知死？’”但鬼在中国人的思维中，却也有着重要的位置。若彼岸真有灵魂，那他也来自此岸，所以，彼岸也是此岸的投射。“鬼故事”讲得最好的《聊斋志异》，其实也是借着鬼和妖，讲着人间世。诗写得最有鬼气的，是唐代的李贺，甚至径直就描写鬼的模样：“幽兰露，如啼眼。无物结同心，烟花不堪剪。草如茵，松如盖，风为裳，水为佩。油壁车，夕相待。冷翠烛，劳光彩。西陵下，风吹雨。”（《苏小小墓》）幽冷飘忽，若隐若现。最铿锵的，却是女诗人李清照的“生当做人杰，死亦为鬼雄”（《夏日绝句》），令人想起屈原《国殇》激昂的结尾：“诚既勇兮又以武，终刚强兮不可凌。身既死兮神以灵，子魂魄兮为鬼雄。”活着要成俊杰，死了也要作英雄，劲健豪迈之气扑面而来，坚强不屈，百折不回，足以点醒沉醉慵懒的世人。

由此岸到彼岸，有一个信使，就是河灯。在很多节日里，人们都会在晚上来到河边，点燃河灯底座上的蜡烛，任其随水流飘向远方。从此岸到彼岸的路是昏黑的，有了河灯，就是为魂灵点亮了道路。逝者已矣，这一盏烛光，携带着生者的怀念，游到天的另一边，游到彼岸的安乐之园。当代著名作家迟子建在小说《五丈寺庙会》中，对河灯的描写传神而感人：“仰善站在河岸，将河灯点燃，轻轻推它入水。他在心里说：‘扁担，你走吧，栖龙河多美啊，走在它上面有多风光啊。’这河灯开始时像初飞的雏燕一样走得磕磕绊绊的，但当它汇入河灯的海洋之后，就走得悠徐从容了。栖龙河上既有灿烂的月影，又有河灯柔和的光影，这条河看上去就流金溢彩了。……放河灯的人听见乌鸦叫，都抬头张望着。只见那乌鸦向着栖龙河的下游飞去，它的头顶是一轮满月，而脚下是迤逦的河灯，这天地间焕发的光明将它温柔地笼罩着，使它飘飞的剪影在暗夜中有一种惊世骇俗的美。”这河灯中的流光溢彩，有一种哀伤的美，有一种静谧的绚烂，有一种轻扬的超越，此岸与彼岸，在这光影的河流中融为一体，存在与虚无，过去与未来，没有了阻隔，那远去的，请一路平安。

白露为霜（白露）

白露，在二十四节气之中位列第十五，在阳历的 9 月 7 日或 8 日。此时气温开始下降，天气转凉，早晨草木上有了露水，杜甫所说的“露从今夜白，月是故乡明”（《月夜忆舍弟》）即是此时的物象。露水是夜晚或清晨近地面的水汽遇冷凝结于物体上的水珠。气象学上有一个说法，叫做“露点温度”，就是指空气中的水凝结成露的温度。露水被视作圣洁之水，用来煎茶或入药，历来被人看重，《红楼梦》里，宝玉就喝过“枫露茶”，第七回《送宫花贾琏戏熙凤，宴宁府宝玉会秦钟》里，说到宝钗告诉周瑞家的她吃的药“冷香丸”，是要“雨水这日的雨水十二钱……白露这日的露水十二钱，霜降这日的霜十二钱，小雪这日的雪十二钱”来配成的，可见中国古人对节气非常看重。露水是时常可见的，白露日的露水却是特别珍贵。金庸的小说《射雕英雄传》里，说到桃花岛上的治伤良药“九花玉露丸”，是以珍贵的药材配合九种花瓣上的露水调制而成的，虽是小说虚构，也很符合人们对露水的认识。

说到白露，最为人熟知的一首诗便是《诗经》中的《秦风·蒹葭》了。蒹葭就是指水边的芦苇，溯洄，是逆水而上，溯游，是顺水而下。诗中的主人公，在白露为霜、芦苇茂盛的秋天的水边，想要追寻心中的“伊人”，但是路远水长，始终不能如愿。朦朦胧胧中，她仿佛就在水中央，若隐若现，似有还无。露水只是在夜晚和清晨出现，一见到阳光就晒干了。这首诗写的场景，在白露未干的时刻，我们可以想象，在清晨的朦胧光线中，又有高高的芦苇丛，秋季转凉，空气又带着萧飒，这位主人公孤身而至，置身在这个静肃迷蒙的空间里，追寻一个可望不可即的心上人，真乃亦真亦幻，毫不落尘世窠臼。此情此景，不仅绝妙地勾画出一幅朦胧的秋景，还借由此景描摹出一种每个人的心目中都有的情愫。那就是，对于自己追寻的梦想，我们都曾像诗里的人那样上下寻觅，有时似乎已经看见了影，却又倏忽飘去，有时似乎已经触到它，却又终于无法把握。这首创作于先秦时期的作品，塑造了一种令人神往的朦胧美，也为白露节气，蒙上了一层曼妙的纱，轻雾缭绕中，透出迷人的光彩。

露水存在的时间很短暂，这个特点也得到了许多运用。比如佛教的著名经典《金刚经》中著名的“六如偈”：“一切有为法，如梦幻泡影，如露亦如电，应作如是观。”所有的事物和现象，都像梦幻泡影般虚幻，像露水和闪电一样短暂，稍纵即逝。生命就是这样无常，所以，对待任何事都不应该执着。还有一些成语，“露水夫妻”、“露水姻缘”、“露水鸳鸯”等，都是借露水的短暂来比喻情感的短暂。露水虽短暂，但它晶莹剔透，仿佛草木上的淡

芦苇

妆,在白露节气的清晨,不妨早起赏露,平日的浊心,似是要被它清洗了呢。

秋夜促织鸣(白露)

白露时节,是蟋蟀的成熟期,此时它的叫声最为洪亮。许多人在这段时期会去到树边、草丛、田野、墙角等地方,追踪着蟋蟀的叫声,与不停跳跃的蟋蟀斗敏捷,捉住后,或把玩观赏,或争强斗胜,或走街串巷叫卖。更多不曾被捉去的蟋蟀,也会在不经意间出现在你的耳边,在你行走的路上,在你房间的一角,唧唧啾啾,奏出一番特别的秋之乐章。

民间有句俗语叫做“白露三朝出将军”,这里的“将军”指的是善于打斗的蟋蟀,“出将军”,就是说的一种我国的传统游戏——斗蟋蟀。斗蟋蟀最早见于文献记载,是宋代顾文荐的《负曝杂录》:“禽虫之微,善于格斗。见于书传者,唐明皇生于己酉而好斗鸡,置鸡坊、鸡场,见之《东城老父传》。斗蛩亦始于天宝间,长安富人镂象牙为笼而畜之,以万金之资付之一啄,其来远矣。”南宋的贾似道写出了中国古代最早的一部专论蟋蟀的书《促织经》,分为论赋、论形、论色、论胜、论养、论斗、论病等章节,系统描写了蟋蟀的种类、形态、斗法和饲养方法。贾似道是中国历史上有名的奸臣宰相,因为沉迷斗蟋蟀,还得了个“蟋蟀宰相”的称号。明宣宗朱瞻基,也因为好玩蟋蟀,而得到“蟋蟀皇帝”的称谓。

蟋蟀有好斗的天性,尤其是两只公蟋蟀遇到一起的时候。人们就利用这一点,挑选天赋好、善斗的蟋蟀,辅之以一整套饲养方法和格斗技巧,通过蟋蟀相斗来达到娱乐、争胜的目的,甚至还关涉赌博。由于参与的人多，投入到斗蟋蟀中的钱财也越加丰厚，乃至一只蟋蟀可有万金的价值。不少人沉迷其中，玩物丧志，甚至倾家荡产。

宫廷中也常以斗蟋蟀为乐，所以，向民间征集善斗的蟋蟀就成了平常事。为了满足高墙之中的游戏之需，却苦了民间老百姓四处寻觅，一旦没有完成进贡的任务，就会受到责罚。这让我们一下子就想起了唐代文学家柳宗元在永州写下的《捕蛇者说》，想到了“苛政猛于虎”。清代作家蒲松龄的短篇小说集《聊斋志异》中，就有一篇《促织》，通过明朝宣德年间的一则故事，揭示民众供应促织的苦难，鞭挞统治阶层的丑恶：皇室向民间征收蟋蟀，陕西华阴县本不多出好的蟋蟀，县官为了媚上，进献蟋蟀，于是此地还要经常供应。一些游手好闲的年轻人便哄抬价格，囤积居奇。作为里正的成名束手无策。好不容易抓到了一只极品的蟋蟀，精心护养，却被儿子不小心毁掉了。儿子因为害怕跑出，后来成名夫妇在井中找到儿子的尸体，悲痛欲绝。却又发现儿子并没有死，但却没有了神智。成名又想起蟋蟀的事，除了发愁没有办法。忽然听到门外有蟋蟀的叫声，原来是一只个子很小的蟋蟀。成名准备就将它献给官府，但是心里还很不踏实，怕不合县官的心意。他想先试着让它斗一下，看它怎么样。村里一个年轻人，养着一只叫做“蟹壳青”的很厉害的蟋蟀，与它相斗，成名的蟋蟀获胜了。成名大喜，把蟋蟀献给县官，试着和别的蟋蟀搏斗，都能胜利，甚至鸡也斗不过它。于是蟋蟀被献给皇帝，全国的尤物，没有一只能在与它的争斗中占得上风。皇帝喜欢，犒赏巡抚和县官，县官一高兴，就免了成名的差役，又让成名中了秀才。过了一年多，成名的儿子精神复原了。他说他变成一只善斗的蟋蟀,现在才苏醒过来。原来蟋蟀竟是儿子的化身。由于这个机缘,不几年的功夫,成名就有了许多家产,出门时,穿轻裘,骑骏马,比官宦人家还要阔气。

这个故事,看似峰回路转,主人公还得到了一个不错的结局,但是我们看蒲松龄在篇末的议论,却是说:皇帝偶然使用一件东西,也许用过了也就忘记了。但是下面的官吏却一直记得,把它作为惯例。这些官吏贪婪暴虐,为了这些玩物,横征暴敛,老百姓即便抵押妻子卖掉孩子,也还是没完没了。蒲松龄说,成名的这番境遇,是天意所酬赏,我们却分明看出来,这是一句反话。当民众的生与死、穷与达都要寄托在天意的眷顾上,那么安居乐业将是一件多么难得的偶然事件呀! 可是,官府难道不是人民的公仆吗? 却为何成为头上的一把刀? 官府不是应该为民众谋幸福的吗? 却为何令人如此战栗? 成名的危机,靠着奇异的遭遇,得到解脱,可是,谁都知道,这样的神幻之事并非世间所有,在现实生活中,成名一家必然是以悲剧收场。蒲松龄在《促织》的故事里,寄寓着深刻的悲愤、强烈的讽刺。蟋蟀小虫,虽然可供娱乐消遣,但最多也只是玩物而已,又怎能以一方百姓的生活和生存为代价换取县令、巡抚的一己腾达和宫廷的玩乐欲望? 在蟋蟀的故事里,我们应该读懂许多道理。

平分秋色(中秋节)

八月十五中秋节,是中国最重要的传统节日之一。它正处在秋季的中间,因而得名“中秋”。我们大家经常会使用一个成语,叫做“平分秋色”,比喻双方各得一半,不分高下。其实,这本是个非常形象地形容中秋节的成语呢。“秋色”,就是秋天的景色，平分，就是指正当秋天之一半的八月十五。唐代诗人李朴有一首《中秋》，就是用的这个意思："皓魄当空宝镜升，云间仙籁寂无声。平分秋色一轮满，长伴云衢千里明。狡兔空从弦外落，妖蟆休向眼前生。灵槎拟约同携手，更待银河彻底清。"也因此，人们创造了一个流传很广的灯谜，谜面是"农历八月十五"，谜底，就是中秋节了。

秋天，是一个丰收的季节，许多作物都在此时成熟。在中国这个四季分明的国度里，人们历来对季节的变迁体会深刻。"天地玄黄，宇宙洪荒。日月盈昃，辰宿列张。寒来暑往，秋收冬藏。"《千字文》的开篇，便将四季作为自然规律的重要部分铺展开来。这个规律是生命的根基，所以中国文化中对四季得时看得很重，而且认为人们要尊重四季的更迭，取予有节，与自然和谐相处，才能够享受自然的滋养。如《荀子·王制》所言："春耕、夏耘、秋收、冬藏，四者不失时，故五谷不绝而百姓有余食也。"《淮南子·本经训》："四时者，春生夏长，秋收冬藏，取予有节，出入有时，开阖张歙，不失其叙，喜怒刚柔，不离其理。"司马谈《论六家要旨》："夫春生夏长，秋收冬藏，此天道之大经也，弗顺则无以为天下纲纪，故曰'四时之大顺，不可失也'。"这个道理被反复论证，十分关键。其中，"秋收"是秋季最典型的特征，秋天的收获是人们食物的重要来源，是国泰民安的根本。风调雨顺、春种秋收是百姓由古至今一向的美好愿望。

秋天也是一个草木开始凋谢的季节。曾经的繁花似锦、郁郁葱葱，到了秋季，由盛转衰，绿意盎然的山林渐渐褪色，争奇斗艳的百花慢慢零落，这种转变往往牵引出人们的许多悲情。"悲秋"成为了中国文学中一个重要的母题。战国文人宋玉的《九辩》被称作“千古悲秋之祖”：“悲哉秋之为气也！萧瑟兮草木摇落而变衰；憭栗，若在远行；登山临水，送将归。泬寥，天高而气清；寂寥，收潦而水清；憯悽增欷，薄寒之中人；怆怳懭悢，去故而就新；坎廪，贫士失职而志不平；廓落，羁旅而无友生；惆怅，而私自怜。……”萧条肃杀的秋季，草木摇落，寂寥悲怆的景，映衬着寂寥悲怆的心，情景交融，更增凄凉，不得志的文人，独在旅途的游子，在这种环境中会有特别的共鸣。这种景象与心境的高度统一的概括性，使得“悲秋”从此成为中国文学作品中不断重复的主题，杜甫的《秋兴八首》、欧阳修《秋声赋》等等，都是其中的代表。这些传神的佳作，也为秋天染上了许多清寂的色调。而像唐代诗人刘禹锡的《秋词》所言：“自古逢秋悲寂寥，我言秋日胜春朝”，则是在悲秋的传统中，自出机杼，别有一番情趣了。

(明)董其昌《秋兴八景图》其一(现藏于上海博物馆)

人月两团圆(中秋节)

在一年之中，月亮会在每一个月的十五日圆一次，但是，只有八月十五，特别的以月圆著称，这是一个属于月亮的节日。中秋节里，与月有关的习俗特别多，所有中秋节又有“月节”、“拜月节”、“追月节”、“玩月节”等称呼。古代帝王有春天祭日，秋天祭月的礼制，《周礼》中，就已经有“中秋”的记载。这反映了上古先民对自然天象的崇拜。本来祭月是帝王施行的礼制，后来它的范围越来越广，直至所有人都可以在这个月圆之夜祭拜观赏，祈求吉祥，寄托情思。到了唐代，中秋节里对月亮的传说，在传统的嫦娥奔月、玉兔捣药、吴刚伐桂之外，又结合着当时的帝妃衍生出唐明皇游月宫、杨贵妃变月神等内容。到了宋代，八月十五中秋节更加盛行，至明清时已经成为仅次于春节的最为重要的传统节日之一。

在中秋节的诗词里，最为人所熟知的就是北宋大诗人苏轼的《水调歌头》。这首词之前有一个小序：“丙辰中秋，欢饮达旦，大醉。作此篇，兼怀子由。”“子由”就是与苏轼感情非常好的弟弟苏辙。这首词作于宋神宗熙宁九年，公元1076年，是一个丙辰年。当时苏轼人在密州，与弟弟已经七年没有团聚了。中秋又至，苏轼饮酒达旦，醉意更加增添了对亲人的想念，于是写出了这首中国文学史上不朽的名篇。诗人幻想天庭，却又不舍人间，慨叹离别，却又作达观之念。以月的阴晴圆缺来比喻人间的悲欢离合，以此为亲人的分离作解语，并抒发出“但愿人长久，千里共婵娟”的美好祝愿。

因为天上的圆月，所以人们也在中秋盼团圆。“人月两团圆”是中秋节里最重要的愿望，许多游子会在这时回到家中，共享天伦之乐。但是，月亮会在十五日如期而圆，人却不一定能够如愿团圆。中秋夜，身在异乡的人们，会在这个团圆的季节里平添许多思念的愁绪。苏轼可以用豁达的想法对这股愁绪稍作解脱，同样是想念兄弟，杜甫的《月夜忆舍弟》就更加悲情：“戍鼓断人行，秋边一雁声。露从今夜白，月是故乡明。有弟皆分散，无家问死生。寄书长不达，况乃未休兵。”天涯海角，人们看到的本是同一轮明月，当海上生明月，本该天涯共此时。但是，在诗人心中，别处的月与故乡的月不一样，故乡的月才是分外的明朗，一股浓浓的思乡之情在这样的心意中呼之欲出。更加上战乱的年代里，亲人分散，家园陵夷，书信不通，连故乡都失去了往日的稳定安宁。此时故乡的月或许真的分外光明，但是，家园已经破败，家人已经四散，那本该深扎的桑梓之根已经动摇。佳节里，世事动荡，月圆而人无从圆，圆月只能徒增悲伤而已。当真是天若有情天亦老，月如无恨月长圆。月圆月缺的周期里，为何人生总有如许多的苦难分离？

（明）陈录《玉兔争清图》（现藏于故宫博物院）

月与人的紧密关联，是中国人自古有之的天人合一观念使然。天象，总在印证着人间。月的阴晴圆缺，印证着人的悲欢离合，月的中秋圆满，也该印证着人的团团圆圆。所以，在中秋时，人们想要团圆的心愿尤其强烈。一轮满月，寄托着人们想要与亲友在佳节里团聚一堂，把酒言欢、共叙家常的期待。“但愿人长久，千里共婵娟”，苏轼的《水调歌头》的结尾，看似有点强颜欢笑，但这样的美好希冀，毕竟是每个人都心同此理的。我们看到中国的传统文学作品中，也崇尚大团圆式的结局，又何尝不是这种人月两团圆的渴求的体现呢！

小饼如嚼月（中秋节）

许多传统节日，都有特色的食物，中秋的特色美食，就是大家很熟悉的月饼了。月饼，又称胡饼、宫饼、小饼、月团、团圆饼等，中秋月圆，所以以月命名的月饼也是圆形的，象征团圆。每到中秋时节，市场上都会遍布各种各样的月饼，和家人团聚时，吃一些味道甜美的月饼，是特别快意的习俗。苏轼有首《留别廉守》诗，中有一句："小饼如嚼月，中有酥与饴。"形象地描绘了月饼似月，甘之如饴的特点。

月饼的历史非常悠久。早在商周时期，江浙一带就有一种纪念太师文仲的"太师饼"，它皮薄馅厚，可以看作月饼的起源。汉代张骞出使西域，带来了芝麻和胡桃，这两种配料也成为了饼馅的成分，便出现了以胡桃仁为馅的圆形饼，名曰"胡饼"。到了唐代，大将军李靖征讨匈奴，得胜而归。有吐蕃人为了庆祝胜利，便向唐朝皇帝献上一种圆形的饼。此时正值八月十五，高祖李渊看到圆饼，笑指天上明月说："应将胡饼邀蟾蜍。"然后把圆饼分给群臣。民间效仿，中秋吃月饼的习俗，在这段故事之后渐渐有了广泛的传播。这时的"月饼"还叫做"胡饼"。后来，到了唐玄宗的时候，传说有一次中秋节，玄宗与贵妃一起赏月，吃到胡饼时，唐玄宗觉得"胡饼"的名字不好听，想要更改。此时杨贵妃抬头望月，忽有所感，随口说出"月饼"二字，玄宗叫好。这显然是一个更加形象的名字，又与中秋赏月结合在一起，从此"月饼”的名称便替代了“胡饼”，逐渐流传开来。后来月饼的工艺越来越进步，吃月饼的老百姓也越来越多，这种中秋节的特色糕点慢慢地遍布大江南北，成为中国传统美食中的一朵奇葩。

关于中秋节吃月饼，还有一个著名的传说。元代的时候，蒙古统治者压制汉人，政治残暴，人民不堪忍受，纷纷起义。此时朱元璋也想要联合反抗力量，起义抗争。但朝廷搜查得十分严密，传递消息十分困难。朱元璋最重要的谋士刘伯温想出一条计策，命令属下把藏有“八月十五夜起义”的纸条藏入饼子里面，再派人分头传送到需要联络的各地起义军中，通过不引人注意的食物来传递起义的约定。这条计策成功了，到了起义那天，各路义军一齐响应，不久就攻下元大都，推翻了元朝的统治。朱元璋非常高兴，为了纪念起义时的良策，便传下口谕，在中秋节，官兵与民同乐，并将当年起兵时用来秘密传递信息的“月饼”，作为节令糕点赏赐群臣。

这个民间传说，为“月饼”染上了一些传奇的色彩。这种状如圆月的小圆饼，与传统节日有了紧密的结合之后，更加受到人们的重视。它的身上，其实体现着中国人的一种重要的审美意识——效法自然。中国人崇尚自然，信仰天人合一，善于发现自然界的美，也善于将自然的美转化成人文的美。中秋夜，观赏天上的圆月，体味手中的圆饼，享受团圆的聚会，真可

月饼

谓人月两团圆了。

风清露冷秋期半(秋分)

秋分,在二十四节气中位列第十六,在阳历的9月23日或24日。它的“分”有两层含义,一是分昼夜。地球赤道所在的赤道平面和地球绕太阳公转的黄道平面,有两个相交点:一个是春分点,一个是秋分点。在地球与太阳距离最近的节气夏至过后,太阳从北向南移动,在秋分这天通过秋分点。所以在这一天,白天和黑夜一样长,各十二个小时。二是分秋季。它正处于秋季的中间,因而称“秋分”。秋分正处在中秋节的附近,我们在讲解中秋节时所提到的时令特点也同样适用于秋分节气。宋代诗人谢逸的《点绛唇》写道:“金气秋分,风清露冷秋期半。凉蟾光满,桂子飘香远。”这风、这露、这月、这桂,正是秋分与中秋,这两个连名字都很相像的节气与节日的代表性景象。

秋分过后,白天的时间越来越少,昼夜温差开始加大,这是秋熟作物成熟收获前最后的关键时期。人们常说的“一场秋雨一场寒”,也是指的这个时期,随着一场场秋雨的落下,气温逐渐转凉,人们就要及时添衣保暖了。秋分平分日夜,在中国人的阴阳观念里,也就是阴阳平分。过了秋分日,阴气渐盛,盖过阳气,所以要特别注意保持肺、肝、脾等内脏的阴阳平衡。饮食就应该偏重于化痰润燥、滋阴益气的食材。在我国北方广泛种植的板栗就是很好的选择,它不仅口感极佳,而且营养保健价值也非常高。《诗经》中,就已经多次出现了板栗,比如《鄘风·定之方中》中的“树之榛栗,椅桐梓漆,爰伐琴瑟”。《秦风·车邻》中的“阪有漆,隰有栗”。可知栗的栽培历史至少已有两千多年。李时珍

《本草纲目》中称栗子“熟者可食，干者可补；丰俭可以济时，疾苦可以备药，辅助粮食，以养民生。补肾益气、活血化瘀”。栗子对人体的滋补功能，甚至可以与人参、黄芪、当归等媲美，还可以替代粮食，素有“长生果”、“干果之王”的美誉。用栗子作原料还诞生出许多名菜，如板栗烧鸡、栗子焖鸡、香菇板栗、栗子烧白菜等等，栗子粥和栗子羹也是大家喜爱的健康美食。

因为秋分之时昼夜平分的特点，在美丽的云南玉龙雪山，还衍生出一个凄美的风俗——一米阳光。巍峨壮丽的玉龙雪山，位于云南省丽江市玉龙纳西族自治县境，海拔 5 596 米。它终年云雾缭绕，阳光很难穿透云层照到山脚。传说每年秋分是日月交辉的日子，神灵会在那天赐予人间最完美的爱情阳光，被这时的阳光照耀的人们，会得到美好的爱情。但是，山神却不肯让人们如愿，总是在秋分当天降下雨雾。却有一个善良的仙女，为人们打开了真爱的大门。她居住在玉龙和哈巴雪山交界的一处山洞里，叫作“风之女”，她痛恨山神刁难人世间的情侣，所以她会在秋分日的正午时分，趁山神打盹的时候，偷偷地将爱情阳光剪下最绚丽的一米，藏在山洞之中。这一米阳光只能在人间停留很短的时间，因为山神醒来后，很快就会去追回那一米阳光。如果在这

（元）盛懋《秋舸聚饮图》（现藏于上海博物馆）

短暂的时间里，有情人可以沐浴到这一米阳光，就可以得到永久的爱情。这个传说，为玉龙雪山的美景又增添了一层神秘的色彩。无论是否关乎爱情，到了秋分日，真的应该去领略一下这一米阳光的奇景呢。

潮头高几许（观潮节）

在中国的传统节日里，有一些非常具有地域性，比如每年农历八月十八的观潮节，就是浙江杭州地区的特色节日。这是因为，涌潮的现象虽然常见，但钱塘江的大潮，却是“天下第一潮”。涨潮时，排山倒海的巨浪，令人叹为观止，将其他地域的潮水都比了下去。

钱塘江是浙江省的第一大河，发源于安徽黄山，流经安徽、浙江二省，古名“浙江”，浙江省的得名也是由此江而来。钱塘江大潮主要是特殊的地形环境所致。钱塘江在宁波汇入东海，入海口宽达 98.5 公里；上溯至余姚市的西三闸，宽仅 19.4 公里；到萧山围垦外八工段与海宁盐官之间，宽已不足 3 公里，形成了一个急剧收窄的喇叭口。当东海的波浪进入之后，因两岸的宽度迅即缩小，造成了潮波不断抬高，到了临近萧山围垦时，河床又迅速变浅，又快又高的潮水再次上扬，形成如耸立的高山一般的潮头，蔚为壮观。潮水又受到天体引力的作用，和太阳、月亮都有关系。东汉王充的《论衡·书虚》篇里就已经认识到：“涛之起也，随月盛衰，小大满损不齐同。”潮汐与我国传统的农历相对应，就是在农历每月的初一前后，太阳和月球在地球的同一侧，有了最大的引潮力，“大潮”出现；在农历每月的十五前后，太阳和月亮分别在地球的两侧，太阳和月球的引潮力互相作用，也会引起“大潮”；在农历每月的初八和二十三，太阳和月亮的引潮力会互相抵消，形成“小潮”。所以，农历每月的朔（即初一）、望（即十五）之后的一两天，是潮水最大最高的时候。尤其是农历八月十八日的潮水，又正处在秋分日的附近，更加高大汹涌，所以在这一天，人们争相来到岸边欣赏大潮奇景，就形成了“观潮节”。

西汉枚乘的《七发》中，就有在八月之望观潮乎广陵之曲江的句子，即是指浙江大潮。“海神来过恶风回，浪打天门石壁开。浙江八月何如此，涛似连山喷雪来”。诗仙李白的《横江词》，将钱江大潮的骇人气势生动地描摹出来。白居易的《忆江南》，说到他“郡亭枕上看潮头”。与白居易一样，曾经在杭州任职的苏轼，也对钱塘潮印象深刻，说道“八月十八潮，壮观天下无。鲲鹏水击三千里，组练长驱十万夫”（《催试官考较戏作》）。在宋哲宗元祐六年（1091），苏轼离开杭州时，写下一首《八声甘州 · 寄参寥子》辞别友人：“有情风、万里卷潮来，无情送潮归。问钱塘江上，西兴浦口，几度斜晖？不用思量今古，俯仰昔人非。谁似东坡老，白首忘机。记取西湖西畔，正春山好处，空翠烟霏。
算诗人相得，如我与君稀。约它年、东还海道，愿谢公雅志莫相违。西州路，不应回首，为我沾衣。”用钱塘江的潮起潮落，来比喻人世的聚散离合，有多少次，他曾与友人一同欣赏潮景，这潮水中的情感，深刻地留在了诗人的心中。他还写下过一组著名的《八月十五日看潮五绝》，第一首：“定知玉兔十分圆，已作霜风九月寒。寄语重门休上钥，夜潮留向月中看。”第二首：“万人鼓噪慑吴侬，犹似浮江老阿童。欲识潮头高几许，越山浑在浪花中。”第三首：“江边身世两悠悠，久与沧波共白头。造物亦知人易老，故教江水更西流。”第四首：“吴儿生长狎涛渊，冒利轻生不自怜。东海若知明主意，应教斥卤变桑田。（是时新有旨禁弄潮。）”第五首：“江神河伯两醯鸡，海若东来气吐霓。安得夫差水犀手，三千强弩射潮低。（吴越王尝以弓弩射潮头，与海神战，自尔水不近城。）”苏轼不仅用“欲识潮头高几许，越山浑在浪花中”这样形象的夸张手法烘托出潮浪的宏大，还结合了吴越之地的历史和民情，尤其是说到了弄潮之事。

“弄潮儿”，我们现在用这个词来形容站在时代前列的、有进取精神的人，它本指在潮中戏水的人。宋代文学家周密在他追忆南宋都城临安的笔记《武林旧事》（临安亦称武林，即现杭州）中，有一篇《观潮》，细致地描写了钱塘江大潮的盛况。其中的一段，就着重写弄潮儿的水技表演：“吴儿善泅者数百，皆披发文身，手持十幅大彩旗，争先鼓勇，溯迎而上，出没于鲸波万仞中，腾身百变，而旗尾略不沾湿，以此夸能。”这让人想起宋代诗人潘阆的《酒泉子》：“长忆观潮，满郭人争江上望。来疑沧海尽成空，万面鼓声中。弄潮儿向涛头立，手把红旗旗不湿。别来几向梦中看，梦觉尚心寒。”当真是“弄潮儿向涛头立，手把红旗旗不湿”，吴地的水中健儿，披散着头发，身上刺着纹身，手里拿着长长的彩旗，迎潮而上，他们的身影在巨浪中忽隐忽现，变换姿态，旗尾却一点也不会被水沾湿，这是何等奇特美妙的技能呀！唐代诗人李益有一首《江南曲》：“嫁得瞿塘贾，朝朝误妾期。早知潮有信，嫁与弄潮儿。”从前两句，可以知道，诗中的主人公是一位商人的妻子。在唐朝，商业发达，许多人外出经商，当时的交通不似现在这样发达，这些远途经商的人，常年难以回家。他们的妻子，就要长期忍受独守空房的寂寞。第三句，“潮有信”，是说潮水的涨落会有一定的时间，好似守着信约一样。于是这位少妇想到潮水有信，后悔当初没有嫁给弄潮之人，倒不会像现在这样，日日等着没有定数的商人。这首诗里，诗人巧妙地借用了潮水的规律性，创造了一个不同寻常的想法，展示了闺中少妇的苦闷心情。她宁愿“嫁与弄潮儿”，读者们都知道这是一句气话，一句无奈，不是这位少妇真想改嫁他人，只是在极度苦闷之中，她思前想后，思绪凌乱，将潮水有信等同于弄潮儿的有信，这实在是因为，现实中的那个人太不讲信用啦！

每年农历八月，中秋节之后的几天，不仅钱塘江口附近的人们会涌来观潮，还有许多远道而来的游客慕名而至。长堤之上，人山人海。八月钱塘潮的壮观宏伟，确实应该亲见一番，开阔胸襟，叹服美景，但是，在赏潮时，要切记安全第一，潮水的力量非常大，速度非常快，稍不留心，就会被吞噬。所以，一定要在指定的安全区域内观潮，不能贪图临近，而将自己置于危险之地。我们要敢于、善于作时代的弄潮儿，开拓进取，引领潮流，而在面对真正的汹涌大潮之时，却要慎重为先。

愿者上钩（寒露）

随着气温的下降，露水都变凉了，寒露，在二十四节气中，位列第十七，在阳历的 10 月 8 日或 9 日。秋天，是钓鱼的黄金季节，尤其是寒露、霜降节气的晚秋，天气渐冷，鱼为了填饱肚子好过冬，就更加馋嘴贪吃，因而容易上钩。我们都知道“姜太公钓鱼，愿者上钩”的故事，不过，我们平日钓鱼，可不是像姜太公钓鱼那样不用诱饵，钓竿也离水面三尺高，我们也不像他那样是为了钓王侯。钓鱼，不仅是一项重要的渔业生产劳作，也是一种大众所喜爱的户外活动。

夏天和初秋温度都比较高，进入白露以后，天气逐渐凉爽，水温逐渐下降，到了适合鱼类活动的温度，鱼儿开始活跃起来，四处觅食。这时，对于人们来讲，也过了一年中最热的日子，不用再害怕阳光的曝晒，寒冷也还未来临，秋高气爽，进行户外活动也非常适宜。两相吻合，正是钓鱼的好时节。而秋天也多雨，在这种天气里，气压比较低，鱼儿会到水面附近呼吸，这时最适合在浅水区垂钓，往往多有收获。

"鱼"是一个象形字，甲骨文中就有了"鱼"字，上头下尾，背部和腹部都有鳍的样子。后来鱼尾变成了四个点，就是繁体的"魚"字，简化字把四点连成了一横。鱼是最古老的脊椎动物，从淡水的湖泊、河流到咸水的海洋，都有它们的踪影。鱼很早就出现在人们的日常生活中，在我国的许多史前文化遗址中，都发现了刻画在洞穴壁上和器物上的鱼形图案。

鱼不仅作为食物，人们也在鱼的习性与钓鱼的过程中，总结出许多道理。比如鱼与水的关系。鱼终生生活在水中，无法离开水而生存，于是人们常说"鱼水情"，来形容极其亲密深厚的感情，就像鱼离不开水一样，比如常说的"军民鱼水情"。用"鱼水相投"，形容关系和谐，又常用"鱼水之欢"，来比喻亲密和谐的情感生活。又有成语"涸泽而渔"、"竭泽而渔"，是说排尽了水来捕鱼，没有了水，鱼就没有了繁衍生长的环境，用来比喻只顾眼前利益，不作长远的打算。还有一句典出于《史记·项羽本纪》的成语"人为刀俎，我为鱼肉"，比喻生杀大权掌握在别人手里，自己处在被宰割的地位。"鱼肉"这个词，后来又成为动词，表示欺凌、残害的意思。

垂钓是一种悠闲、安宁、恬静的活动，仿佛是一场人与江湖的心灵对话。在默默的等待中，要求不急不躁，不求速成，时机到来，又要眼疾手快，一气呵成。在节奏越来越快的现代社会，人们进行垂钓这种活动，获得了难得的静谧，让自己急速的脚步停下来，让自己紧张的身心松下来，端坐或静立在水畔，呼吸吐纳之间，调适了心情，放松了筋骨，接触了自然，是上佳的休闲方式。

垂钓对于一般人来讲，是时不时拿起来的一种消闲，还有一种人，是以此为业的，而他们似乎也不是用钓鱼来养家糊口，而是以此中的闲情来作为生活方式。对他们，有一个敬称，叫做"渔父"。

在先秦的文献中，就有两篇《渔父》，一篇见于《庄子》，一篇见于《楚辞》。《庄子》中的《渔父》，故事发生在一位渔父与孔子及他的弟子之间，是道家思想对儒家思想的指摘，阐述道家所倡导的法天贵真、持守本心、回归自然的主张。《楚辞》中的《渔父》，更加闻名，是一位渔父与屈原之间的一场对话：

> 屈原既放，游于江潭，行吟泽畔，颜色憔悴，形容枯槁。渔父见而问之曰："子非三闾大夫与？何故至于斯？"屈原曰："举世皆浊我独清，众人皆醉我独醒，是以见放。"渔父曰："圣人不凝滞于物，而能与世推移。世人皆浊，何不淈其泥而扬其波？众人皆醉，何不哺其糟而歠其酾？何故深思高举，自令放为？"屈原曰："吾闻之，新沐者必弹冠，新浴者必振衣；安能以身之察察，受物之汶汶者乎！宁赴湘流，葬于江鱼之腹中。安能以皓皓之白，而蒙世俗之尘埃乎！"渔父莞尔而笑，鼓枻而去，乃歌曰："沧浪之水清兮，可以濯吾

缨。沧浪之水浊兮,可以濯吾足。"遂去,不复与言。

故事发生在屈原被放逐之后,他沿着水边,边走边唱,脸色憔悴,形容枯瘦。一位渔父看到屈原,便问他:"您不就是三闾大夫吗?为什么会落到这般田地?"屈原说:"世上的人全都是污浊的,只有我清净;世上的人都醉了,只有我清醒。因此我被放逐。"渔父说:"圣人不会拘泥于某种事物,而能随着世道的变化而推移。世上的人都污浊,何不也去搅浑泥水而推波助澜?世上的人都沉醉,何不也随着大家喝酒?为何你偏要想那么多,做法又与众不同,令自己遭到被放逐的下场呢?"屈原说:"我听过这种说法:刚洗完头的人一定要弹去帽子上的尘土,刚洗完澡的人一定要抖净衣服上的泥灰。我怎么能让洁净的身躯,去承受外物的污浊?我宁愿投身湘水,葬身在江中鱼儿的肚子里,又怎能让我的皓洁,蒙受世俗尘埃的污染呢?"渔父莞尔,敲打着船桨离去,唱道:"沧浪水清,可以用来洗我的帽缨;沧浪水浊,可以用来洗我的双足。"于是就离开了,不再言语。

渔父与屈原之间的不同取向,代表了两种不同的人生观。这两种观点,一种偏向道家的明哲保身,一种偏向儒家的坚守节操,在中国文化中,都是非常重要的信旨,长久以来被时常争论,甚至在同一个人身上,在他人生的不同阶段,都会在两者之间摇摆不定。渔父是一个隐士形象,懂得与世推移,不求改变他人与社会,在任何环境里,随遇而安,只求自己的潇洒自由。而屈原则是要与社会的黑暗面坚决抗争的,始终保持清醒,坚守清白高洁的人格精神,宁可舍去生命,也不与尘世同流合污。而我们也可以认为,渔父的故事,其实就是屈原的一体两面,他的心中,对自己的坚守，又何尝不曾有过动摇？渔父口中的话，又何尝不曾萦绕在屈原的心际？渔父的质问，又何尝不曾令屈原自己无法释怀？但是，屈原终于还是选择了坚持，这种精神是非常令人钦佩的。《楚辞·渔父》的结尾，渔父唱着“沧浪歌”飘然而去，余味无穷，仿佛为这两种不同的处世态度的争论，留下了一个悠长的尾声。至于孰对孰错，真乃是存乎一心，任由评说了。

渔父作为隐士形象的代表，在古代诗歌中，常常展现出一种闲散清远的美。唐代诗人孟浩然的名作《临洞庭上张丞相》：“八月湖水平，涵虚混太清。气蒸云梦泽，波撼岳阳城。欲济无舟楫，端居耻圣明。坐观垂钓者，徒有羡鱼情。”用垂钓来比喻自己的不得任用，其实并非钓者的本色。另一位唐人姚合的《陕下厉玄侍御宅五题·垂钓亭》，其中的渔父才是隐者之情怀：“由钓起茅亭，柴扉复竹楹。波清见丝影，坐久识鱼情。白鸟依窗宿，青蒲傍砌生。欲同渔父舍，须自减逢迎。”渔父所处的环境，干净疏朗，沁人心脾，要想贴近这种生活，定要减去俗世的逢迎才可呀。白居易的《渭上偶钓》，则是对渔父生涯更加添了玄机：“渭水如镜色，中有鲤与鲂。偶持一竿竹，悬钓在其傍。微风吹钓丝，袅袅十尺长。谁知对鱼坐，心在无何乡。昔有白头人，亦钓此渭阳。钓人不钓鱼，七十得文王。况我垂钓意，人鱼又兼忘。无机两不得，但弄秋水光。兴尽钓亦罢，归来饮我觞。”在无何有之乡里，人鱼两忘，道家自然玄远的境界，在渔父的身畔，呼之欲出。杜荀鹤的《登灵山水阁贻钓者》：“江上见僧谁是了，修斋补衲日劳身。未胜渔父闲垂钓，独背斜阳不采人。纵有风波犹得睡，总无蓑笠始为贫。瓦瓶盛酒瓷瓯酌，荻浦芦湾是要津。”罗邺的《钓翁》：“来往烟波非定居，生涯蓑褐外无馀。闲垂两鬓任如鹤，只系一竿时得鱼。月浦扣船歌皎洁，雨蓬隈岸卧萧疏。行人误话金张贵，笑指北邙丘与墟。”都是颇得世外之情。另一位唐代诗人秦韬玉的《钓翁》，又有另一番寄寓：“一竿青竹老江隈，荷叶衣裳可自裁。潭定静悬丝影直，风高斜飐浪纹开。朝携轻棹穿云去，暮背寒塘戴月回。世上无穷崄巇事，算应难入钓船来。”渔父清早穿云而去，傍晚戴月而归，在这样的生活里，世上无穷无尽的挫折坎坷，应该是不会进入到钓船中去吧。诗人用渔父生活与尘世的对比，抒发自己对人生之艰难的感慨。而柳宗元的《江雪》，则可以说是中国诗歌史上最为奇崛的一个渔父形象：“千山鸟飞绝，万径人踪灭。孤舟蓑笠翁，独钓寒江雪。”在阔远而静寂的寒江之上，孤舟之中披着蓑笠的渔翁，仿佛凝结了这世界上所有的孤独和凄冷。柳宗元用寒江独钓的独特场景，将渔父形象上素所寄寓的清澈与孤行，推向了一个情感的极致。把这首绝句的四句话的首字提出来，就是一个词“千万孤独”。我们读这首诗，分明感受到了彻骨的寒冷，这也可以说是柳宗元在永州的贬谪生涯中，对自己心境的比况。这个冰天雪地中孑然一身的

钓鱼

渔父形象，在中国文学史上留下了深刻的印记，在人们的心中，久久地挥之不去。

把酒对名山（重阳节）

重阳节是我国一个重要的传统节日，主要民俗有登高、插茱萸、赏菊、饮菊花酒、吃花糕等。这其中，登高可是重头戏。唐代诗人王维有一首以重阳节登高为题材的名诗，每每在佳节时被大江南北的人们广为吟诵，就是《九月九日忆山东兄弟》："独在异乡为异客，每逢佳节倍思亲。遥知兄弟登高处，遍插茱萸少一人。"茱萸是一种落叶小乔木，结红色的椭圆形小果子，是一种重要的药材，果、茎、叶都可入药，知名的中药"六味地黄丸"就以它为主要成分之一。浑身是宝的茱萸还有非常明显的香气，人们在重阳节这天将它的枝叶装在香囊里，佩带在身上，可以驱毒防疫。

茱萸与重阳登高的关联，除了它的药性，还有一个故事呢。南朝时吴均《续齐谐记》记载："汝南桓景随费长房游学累年。长房谓曰：'九月九日汝家中当有灾，宜急去，令家人各作绛囊，盛茱萸以系臂，登高饮菊花酒，此祸可除。'景如言，齐家登山。夕还，见鸡犬牛羊一时暴死。长房闻之，曰：'此可代也。'今世人九日登高饮酒，妇人带茱萸囊，盖始于此。"这是文献中对重阳登高佩带茱萸的最早记载，人们在茱萸香囊上，还寄托了辟邪消灾的愿望。

中国士大夫自古就有"登高而赋"的传统，它与原始的宗教仪式有关，也是人们对诗意的萌生环境的理解。而如果我们仅仅把登高看作一种习俗和户外活动，也是生意盎然呢。在秋高气爽的季节里，山林间树叶由绿转红、转黄，几种色彩参差错落，非常美丽。初唐文学家王勃于唐高宗上元二年(675)的重阳节，在洪州(今江西南昌)写下的千古名篇《滕王阁序》，就着力描写了重阳之际美丽的秋景："时维九月，序属三秋。潦水尽而寒潭清，烟光凝而暮山紫。俨骖騑于上路，访风景于崇阿。临帝子之长洲，得天人之旧馆。层峦耸翠，上出重霄；飞阁流丹，下临无地。鹤汀凫渚，穷岛屿之萦回；桂殿兰宫，即冈峦之体势。披绣闼，俯雕甍。山原旷其盈视，川泽纡其骇瞩。闾阎扑地，钟鸣鼎食之家；舸舰弥津，青雀黄龙之舳。云销雨霁，彩彻区明。落霞与孤鹜齐飞，秋水共长天一色。渔舟唱晚，响穷彭蠡之滨；雁阵惊寒，声断衡阳之浦。"其中的"落霞与孤鹜齐飞，秋水共长天一色"，尤是古今名句。落霞飘动，白鹭翱翔，红白相映，色彩鲜明。晚霞本无生命，不能飞，但将它与有生命的飞鸟并提，仿佛霞也飞了起来，景色一下子鲜活起来。"渔舟唱晚"，四个字里凝练了非常丰富的美景，是中国语言强大的表现力的例证，后来以此为名，诞生了一首著名的古筝曲，描绘夕阳映照之下，渔民们悠然自得，渔船随波渐远的优美景象。带着重阳佳节的喜庆，佩带着精心编织的茱萸香囊，偕同亲朋好友，步入郊外名山，既深入到大自然的美景，又能与亲友同欢，还可以强身健体，真是对身与心都无比畅快的活动呢。

这登高的游历，还有一个重要成员，那就是重阳节必不可少的菊花酒。九月九不仅能欣赏到美艳的菊花盛放，还有由菊花与糯米、酒曲酿制而成的酒，它的味道清凉、甜美，有养肝、明目、健脑、延缓衰老等功效。古人将它称为"长寿酒"。登高之际，身处山间，取出沁香的菊花酒，朋辈们小酌畅怀，自有一番风流。

重阳的山与酒结合起来，促发了许多诗兴，比如杜甫的《九日蓝田崔氏庄》："老去悲秋强自宽，兴来今日尽君欢。羞将短发还吹帽，笑倩旁人为正冠。蓝水远从千涧落，玉山高并两峰寒。明年此会知谁健，醉把茱萸仔细看。"醉意中的茱萸，令诗人旷达中的忧伤十分感人。又有李白的《九日登山》："渊明归去来，不与世相逐。为无杯中物，遂偶本州牧。因招白衣人，笑酌黄花菊。我来不得意，虚过重阳时。题舆何俊发，遂结城南期。筑土按响山，俯临宛水湄。胡人叫玉笛，越女弹霜丝。自作英王胄，斯乐不可窥。……"而女词人李清照的《醉花阴》，也是扣着重阳、美酒与菊花写下的千古绝唱："薄雾浓云愁永昼，瑞脑销金兽。佳节又重阳，玉枕纱厨，半夜凉初透。东篱把酒黄昏后，有暗香盈袖。莫道不消魂，帘卷西风，人比黄花瘦。"重阳的黄昏降临，诗人依然在饮酒，是因为心中的思念太过深长。菊花的清香暗地里飘满衣袖。别说我不忧愁，当西风卷起珠帘，闺中的少妇比黄花还要消瘦。重阳的菊与酒，在李清照笔下，平添了几许寂寞清凉。

滕王阁

烈士壮心(重阳节)

“老骥伏枥,志在千里;烈士暮年,壮心不已。”曹操《步出夏门行·龟虽寿》中的这几句,无论何时吟咏,皆是掷地有声,每每唤起心中的豪情。良马即使衰老了,依然志在远方,烈士即使衰老了,依然雄心不减。再想起它的前两句:“神龟虽寿,犹有竟时。腾蛇乘雾,终为土灰。”生老病死,终究是所有生灵无法摆脱的命运。但是命运的存在,并不永远是使人屈从的,也是用来抗争的。南朝范晔的《后汉书》中记载东汉名将马援说:“丈夫为志,穷当益坚,老当益壮。”这是何等的豪壮！天下兴亡,匹夫有责,要做担得起大任的大丈夫,就要“富贵不能淫,贫贱不能移,威武不能屈”(《孟子·滕文公下》),能修炼这样的心性,自然不会因为年岁的增加而萎靡,不会因为境遇的变迁而动摇,做到老而弥坚,老当益壮,在有限的生命中,坚守大丈夫无限的豪情壮志。这种劲健之气,从不是年轻的专利,也不是简单的力搏,而是由内而外释放出来的气势,有它在,生命就是蓬勃的,民族的脊梁就是坚挺的。

所以,每一个人的躯体都会老去,每一个人也都应有一颗不老的心。在中国文化至为重要的经典《易经》中,以阳爻为九,九月初九为两九相重,故称重阳。阳上加阳,重阳是一个非常阳刚的节日,我们以此作为“老人节”,可看作对老当益壮的阳刚之气的礼赞。在重阳登高的人群中,我们可以看到许多白发苍苍的老人攀登览胜,他们也许不再健步如飞,也许要借助一些爬山工具,也许需要后辈的搀扶等候,但是他们的心情是爽朗的,他们的精神是矍铄的,他们积极地投入到节日的习俗里,在顶峰上,他们的眺望同样高远。在属于自己的节日里，他们也会组织许多有益身心的活动，歌声中、舞步里、画纸上、笔墨间，洋溢着不亚于青年的热情，又多了份怡然自得的分寸拿捏。重阳只是一个缩影，年老，并不意味着生命画卷的褪色，反而绽放出另一番的斑斓。

反观，却有很多年纪很轻的人呈现出未老先衰的状态，怎不令人唏嘘呢？“未老先衰”这个词，出自唐代大诗人白居易的《叹发落》：“多病多愁心自知，行年未老发先衰。”诗人所说的，是身体机能的下降，这是随着年月的流逝所不可避免的，但如果是因为个人的自暴自弃而引致的未老先衰，就值得批判了。许多年轻人，不但没有对生命的热情，没有对责任的担当，没有对生活的经营，反而悲观厌世，自我放弃，没有目标，没有动力，没有自爱，对比许多壮心不已的老年人，是多么应该羞愧啊！对人生的理解，是多种多样的，但是对待人生的态度，每个人都应该是积极向上的。《易经》的第一卦“乾”卦，六爻皆是阳爻，它的《象》辞说到“天行健，君子以自强不息”，这句一直鸣响在中国文化筋脉中的箴言，正呼应了九月九重阳节的刚健之气。

秋色满东篱（重阳节）

在重阳这个深秋的节日里，百花早已褪去了芳姿，然而姹紫嫣红开遍后，却并不是断井颓垣，因为还有一种属于秋季的花，正在绽放着，令秋天也可以是花的世界。这就是菊花。

东晋大诗人陶渊明最为人所熟知的诗作，便是《饮酒》诗其一：“结庐在人境，而无车马喧。问君何能尔？心远地自偏。采菊东篱下，悠然见南山。山气日夕佳，飞鸟相与还。此中有真意，欲辨已忘言。”这首诗的传世，使得菊花有了一个别名——东篱。也使得菊花身上寄寓了如这首悠远安静的小诗一样的冲淡情怀。梅兰竹菊，古称“四君子”，它们分别代表着傲、幽、坚、淡，象征着高洁、虚心、清雅、淡泊，具有坚贞的气节，这提炼于它们的生长环境、习性和形态，又与中国文化所崇尚的人格相统一。

菊花在我国有三千多年的栽种历史，这种曼妙的多年生草本植物在世界上广泛流行，品种数不胜数，妆点我们的地球花园，而它们最初都是由中国传出去的。最初的时候，菊花的形貌就是最常见的小黄花，后来在她漫长的发展史上，一代又一代的园丁们倾注了巨大的心力，创造出许多人工杂交的新品种。现在，金秋送爽的季节里，千姿百态的菊花绽放着形形色色的芳姿，有红、黄、白、墨、紫、绿、橙、粉、棕、雪青、淡绿、复色、间色等多种色彩，花序的大小和形状、花瓣的瓣型也各有不同，以一种花，就可以形成千变万化的美景，着实令人流连忘返。春夏百花争艳的季节，菊花不去凑热闹，秋日花事将尽时，它却悠然地开起来，好似与世无争的世外高人，内敛安静，却有一番深不可测的美妙。

说到重阳节的菊花，还有一个值得注意的典故，那就是“明日黄花”与“昨日黄花”之辨。宋代大诗人苏轼在重阳节时写过一首诗《九日次韵王巩》：“我醉欲眠君罢休，已教从事到青州。鬓霜饶我三千丈，诗律输君一百筹。闻道郎君闭东阁，且容老子上南楼。相逢不用忙归去，明日黄花蝶也愁。”黄花，就是菊花。重阳节时，菊花正当盛放，过了此时，菊花就要败谢了。诗人因此告诉朋友，我们这时相会，你可不要急着回去，该趁着菊花盛开的重阳节，好好赏花。因为，等到重阳过后的“明日”，恐怕飞舞的彩蝶看了那过时的菊花也会犯愁，人们也不会有今日的兴致了。后来，人们就用“明日黄花”这个成语，来比喻过时或无意义的事物。有不少人，不知道这个成语的由来，反而以为“昨日”才是表示过时的东西，将“明日黄花”改成了“昨日黄花”。这可真闹了个笑话呢。汉语是一步一步发展过来的，我们的日常言语，其实都和中国的传统文化有很大关系，要想打造坚实的语言功底，达到良好的表达效果，一定要多学多读，扩大自己的知识面才行。

菊花

霜降秋深（霜降）

霜降，在二十四节气中，位列第十八，是秋季的最后一个节气，在阳历的10月23日或24日。这时，天气渐寒，出现霜冻。前面我们在白露节气说到过露水和“露点温度”，在气象学上，也有“霜点温度”，那就是空气降到可以凝结霜的温度，也就是随着气温的进一步降低，液态的露水已经无法保持，水汽直接结晶成了固态的霜。白居易《长恨歌》中，有一句“鸳鸯瓦冷霜华重，翡翠衾寒谁与共”，到了霜降，真的可以用“寒”、“冷”来形容了。《周易》的第二卦《坤》卦，是全部由阴爻组成的，第一爻的爻辞为“初六：履霜，坚冰至。”《象辞》曰：“履霜坚冰，阴始凝也，驯致其道，至坚冰也。”意为踩着霜，阴气开始凝结，按照它的规律，坚冰就要到来。《诗经·魏风·葛屦》的首句说到：“纠纠葛屦，可以履霜。”诗中的主人公，是一位缝衣的女奴，她脚上是稀疏的麻鞋，却要踏在寒冷的霜地上，怎能御寒？这是对自己的苦况的呼号。后来人们用“履霜”这个词来指踏霜而知寒冬将至，比喻事态发展将有产生严重后果的可能。东汉蔡邕的《琴操》里，记录了一首《履霜操》，解说为：“尹吉甫之子伯奇所作也。”《乐府诗集》题解为：“伯奇无罪，为后母谗而见逐，乃集芰荷以为衣，采楟花以为食。晨朝履霜，自伤见放，于是援琴鼓之而作此操。曲终，投河而死。”词为：“履朝霜兮采晨寒，考不明其心兮听谗言。孤恩别离兮摧肺肝。何辜皇天兮遭斯愆，痛殁不同兮恩有偏，谁说顾兮知我冤。”这个不被理解、孤愤凄楚的故事，非常感人，成为了乐府诗名，韩愈也做有同题诗作：“父兮儿寒，母兮儿饥。儿罪当笞，逐儿何为。儿在中野，以宿以处。四无人声，谁与儿语。儿寒何衣，儿饥何食。儿行于野，履霜以足。母生众儿，有母怜之。独无母怜，儿宁不悲。”

霜是水汽所凝结，本身是无味的，但是经过霜冻后的瓜果蔬菜却多出一种甜味，就是人们经常说的“霜味”。深秋的蔬菜和水果，如白菜、萝卜、冬瓜、枣子、柿子、苹果、红薯等，经过霜冻，为了抵抗寒冷，会自动将体内的淀粉转化成糖分，之后再吃，甘甜脆爽，非常可口。

此时的柿子尤其是一道风景。本是青色的果实，经过几夜秋霜，开始泛黄、转橙，最终成为橘红色。苏东坡有诗句"柿叶满庭红颗秋"（《睡起》）来描绘。柿子树的叶落光后，果实累累，一颗一颗满满地缀在树枝上，红彤彤的，好似灯笼高挂。漫步柿林，惟见枯干与果实，稀稀疏，却又沉甸甸。仰望高处的橘红色果实，仿似与晚秋的太阳交相辉映，令人迷恋。柿子是一种特别的水果，它需要与其他的果实放在一起熏染，才能解涩，特别能说明自然界万物之间的相互依存的道理。

天涯霜雪霁寒宵

今宵寒较昨宵多(立冬)

立冬,在二十四节气之中位列第十九,在阳历的11月7日或8日。立冬,是冬天的开始,寒冷的开始。立,是建立、开始的意思,冬,与“终”字谐音,表示万物收藏。春生夏长,秋收冬藏,秋天,人们收获农作物,到了冬天,要将它们储藏起来,自己也会减少外出和劳作,时常待在家里,用多种方式取暖。动物们也会藏起来冬眠。万事万物都会在这个寒冷的季节里,用自己的一种“藏”的方式,来度过寒冬。

冬天寒冷,阴盛阳衰,万物的“藏”,从阴阳的角度来说,就是潜藏阳气,以待来年春天。所以冬季除了要注意防寒保暖外,在饮食上也要有敛阴护阳的意识,虚者补之,寒者温之。要少食生冷的食物,多吃一些滋阴潜阳,热量较高的膳食。

立冬,是冬季的开篇,此时还未到严寒,树叶也未落尽,所以立冬的景色,还是带着点生机的余声呢。唐代大诗人白居易有一首《早冬》,是描写江南初冬的景象:“十月江南天气好,可怜冬景似春华。霜轻未杀萋萋草,日暖初干漠漠沙。老柘叶黄如嫩树,寒樱枝白是狂花。此时却羡闲人醉,五马无由入酒家。”这气家,还有点春的感觉呢,秋的尾声,冬的开端,也是值得细细品读啊。

白居易是写江南的冬，老舍先生则特别钟情于济南的冬：“……在北中国的冬天，而能有温晴的天气，济南真得算个宝地。设若单单是有阳光，那也算不了出奇。请闭上眼睛想：一个老城，有山有水，全在天底下晒着阳光暖和安适地睡着；只等春风来把它们唤醒，这是不是理想的境界？小山整把济南围了个圈儿，只有北边缺着点口儿，这一圈小山在冬天特别可爱，好象是把济南放在一个小摇篮里，它们全安静不动地低声地说：你们放心吧，这儿准保暖和。……最妙的是下点小雪呀。看吧，山上的矮松越发的青黑，树尖上顶着一髻儿白花，象些日本看护妇。山尖全白了，给蓝天镶上一道银边。山坡上，有的地方雪厚点，有的地方草色还露着，这样，一道儿白，一道儿暗黄，给山们穿上一件带水纹的花衣；看着看着，这件花衣好象被风儿吹动，叫你希望看见一点更美的山的肌肤。等到快日落的时候，微黄的阳光斜射在山腰上，那点薄雪好像忽然害羞，微微露出点粉色。就是下小雪吧，济南是受不住大雪的，那些小山太秀气。古老的济南，城内那么狭，城外又那么宽敞，山坡上卧着些小村庄，小村庄的房顶上卧着点雪，对，这是张小水墨画，或者是唐代的名手画的吧。那水呢，不但不结冰，反倒在绿藻上冒着点热气。水藻真绿，把终年贮蓄的绿色全拿出来了。天儿越晴，水藻越绿，就凭这些绿的精神，水也不忍得冰上；况且那长枝的垂柳还要在水里照个影儿呢。看吧，由澄清的河水慢慢往上看吧，空中，半空中，天上，自上而下全是那么清亮，那么蓝汪汪的，整个的是块空灵的蓝水晶。这块水晶里，包着红屋顶，黄草山，象地毯上的小团花的小灰色树影；这就是冬天的济南……”这就是那篇著名的

《济南的冬天》，中国幅员辽阔，各个地域的冬景会有明显的不同，我们都应该打开自己的视野，投入自己的心灵，去领会自己身边的冬，去欣赏别人那里的冬，无论冰封的塞北还是无雪的岭南，都是如此的美。

（南宋）刘松年《四景山水图·冬》（现藏于故宫博物院）

银装素裹（小雪）

小雪，在二十四节气中位列第二十，在阳历的11月22日或23日，表示开始降雪，但雪量小。这时，气温明显下降，在我国的黄河流域及其以北地区，开始降雪了，雪量不大。但此时我国的南方地区仍较暖和，大约要冬至以后才会出现降雪天气。不过，随着人们对大自然摄取的加重，工业化的进程中，环境遭到了很大的破坏，气候也随之变化，传统的气象规律受到了挑战。这是大自然发出的警报，如果人类再不认真检讨自己的行为，改变发展方式，重建正常的人与自然的秩序，就一定会付出更多的代价。亡羊补牢，为时未晚，新成长起来的一代年轻人，应该以此为己任，从自己做起，将自然环境的恢复当作最重要的大事之一来看待。

小雪之中，银装素裹，天地洁白，这清寒的美景里，诞生过许多好诗。比如白居易的《初冬即事呈梦得》：“青毡帐暖喜微雪，红地炉深宜早寒。走笔小诗能和否，泼醅新酒试尝看。僧来乞食因留宿，客到开樽便共欢。临老交亲零落尽，希君恕我取人宽。”还有他的《问刘十九》，短短二十个字的绝句，却用雪中的情调，撩动起了每个人的心弦：“绿蚁新醅酒，红泥小火炉。晚来天欲雪，能饮一杯无。”刘十九，名叫刘轲，是白居易的朋友，当时隐居在庐山。新酿的酒，在没有过滤时，表面会浮起微绿的酒渣，像蚂蚁一样细细密密，被称为“绿蚁”。一个冬夜，眼看要下雪了，诗人新酿了美酒，准备了红泥烧制成的烫酒用的小火炉，向朋友问一声：来饮这一杯酒，何如？这看似平淡的生活小场景，却击中了友情中最温暖的那份情谊。在这样一个寒冷的冬夜里，一间小房，一壶新酒，一架小炉，热腾腾的气氛扑面而来，外面的冷正衬着屋里的暖。我早已准备下了，只差你来呀！又添上一份人情的暖，一连串的意象烘托出一层层的寒中的暖，让人的身与心，都在这寒夜里，温暖如春。两位挚友，围炉而饮，渐渐微醺，窗外雪已经下起来，室内却是温暖明亮，相顾而

（南宋）夏圭《雪堂客话图》（现藏于故宫博物院）

笑，默契于心。生命的至和至乐，就在这一刹那跳脱出来。寒雪之中，你也可以享受这份欣然，只要你也拥有这样一颗拥抱生命、体味生活的真性情。

瑞雪兆丰年（大雪）

大雪，在二十四节气中位列第二十一，在阳历的12月7日或8日，表示降雪渐多，雪量渐大。“雪”字，在甲骨文中是一个会意字，上面是“雨”，下面是一些雪片的形状。到了小篆，成为了上“雨”下“彗”的形声字，后来又简化为“雪”这个字形。颜色或光彩与雪相像的，也可用雪来形容，如雪白、雪亮。由此又可以引申为“洗除”的含义，比如雪耻、雪恨、昭雪、洗雪等，宋代名将岳飞的名篇《满江红》，就说到“靖康耻，犹未雪；臣子恨，何时灭？”

民间有一句著名的农谚，叫做“瑞雪兆丰年”。冬季的雪，在比较寒冷的时候，往往不易融化，松软地覆盖在土壤上，就像给庄稼盖了一层棉被，隔绝了冷空气的进入。而且到了天气回暖，雪融化的时候，融水也会渗入到土壤里，对播种和庄稼的生长都很有利。所以，在冬天，能迎来几场大雪，不仅为人间增添了许多美景，还预示着来年的好收成。

“雪中送炭”的故事，也被历来传颂，战国时期，有一年楚国冬天下大雪。楚怀王点上炉火，穿上皮袄，但还觉得冷。推己及人，怀王想到老百姓也会非常寒冷，便下令向全国分发取暖的炭。人们对此十分感激。“雪中送炭”即用来比喻在别人有困难时给予物质上或精神上的帮助。然而能做到雪中送炭的人却是少的，人们往往更愿意锦上添花，就是在锦上再绣花，好上加好，美上添美。这也就罢了，更可悲的是，还有些人会雪上加霜，即是落井下石、趁火打劫。大多数人,只能同甘,不能共苦,那些能在患难中伸出援手,雪中送炭的人,才是你的真朋友。我们也应该怀有一颗善心,多做雪中送炭的事,锦上添花时不要趋之若鹜,雪上加霜的事则坚决不做。

雪景美,雪中的梅更美。梅花,属于蔷薇目、蔷薇科、李属,花瓣五片,在寒冬季节里,先叶开放,是寒风与大雪中的倩影。在古典诗词里,踏雪寻梅的目标,多是原产于中国的梅花品种江梅。在《诗经》里,梅多是指其果实,到了汉代,观赏梅花的风气开始形成,但当时并没有咏梅诗。随后的六朝隋唐时期,咏梅诗也不多,较为有名的有南朝陆凯寄梅花给范晔,赠诗一首:“折梅逢驿使,寄与陇头人。江南无所有,聊赠一枝春。”直到宋代,梅花才大量进入到诗词中,被寄寓了高尚的品格,大有凌驾众花之上的态势。比如世称“梅妻鹤子”的林逋,他的《山园小梅》:“众芳摇落独暄妍,占尽风情向小园。疏影横斜水清浅,暗香浮动月黄昏。霜禽欲下先偷眼,粉蝶如知合断魂。幸有微吟可相狎,不须檀板共金樽。”这首诗的颔联尤其闻名,几乎成为梅花的代名词,出句勾勒梅之形,轻疏横斜的影,在清澄的水边更显灵动。对句描摹梅之韵,随风浮来无形的暗香,黄昏月上之时,更有迷人的意境。陆游的《卜算子 · 咏梅》,为梅花更赋予了高洁的人格:“驿外断桥边,寂寞开无主。已是黄昏独自愁,更著风和雨。无意苦争春,一任群芳妒。零落成泥碾作尘,只有香如故。”驿亭之外的断桥边,梅花寂寞开放,无人理睬。黄昏时分,孤独愁苦的梅花又要遭到风雨的摧残。它无意费心机去与百花在春季争宠,任由它们因妒忌而排斥。即使它凋零化作泥土,也依然和往常一样散发出缕缕清香。梅花就如同寂寞而又高洁的隐士,将孤芳自赏作为自己的品行，旁人的羡慕与嫉妒都无法动摇他，他只是依然如故。毛泽东主席在1961年，写下了同题之作，前有引语:“读陆游咏梅词，反其意而用之。”词为:“风雨送春归，飞雪迎春到。已是悬崖百丈冰，犹有花枝俏。俏也不争春，只把春来报。待到山花烂漫时，她在丛中笑。”这首词的立意自出机杼，同样的境遇，梅花不再愁，而是笑，在历经沧桑之后，它依然是积极阳光的，令人感受到生命的昂扬。冬季还有腊梅，属于樟目、蜡梅科、腊梅属，花瓣呈螺旋状排列，它的一些品种甚至在农历十月就开始开花，到了冬季大雪纷飞的时候，正是腊梅盛放之时，所以腊梅又称作“雪梅”、“冬梅”。

在众芳开放之前，梅作为寒天的花，以它并不茁壮的身躯，延续着大地的生机和美丽。到了春暖之时，它又渐渐退去了，将它曾经用力呵护的锦绣江山，交还给万紫千红的同伴们。孤寂而不自弃，居功而不自傲，傲立雪中的寒梅，是能够在人生的寒冬里给人以力量的源泉，是能够在人生的高峰上给人以警醒的诤友。

梅花

冬至长夜(冬至)

冬至，在二十四节气中，位列第二十二，在阳历的12月21日或22日。这是一年之中白天最短，黑夜最长的一天。“至”字，是一个会意字，下面一条横线表示地面，上面插着一支箭，箭插地上，表示“到达”的意思。又引申为“极”、“顶点”、“最”的意思。冬至的“至”，有三层含义。一是阴气至，阴之极点，天气进入到最寒冷的时期；二是阳气至，阳气到来，阴至极则阳生，阳气升，逼阴气下降，因此寒气逼人；三是日行南至，太阳运行到了最远的极点，因而日最短，夜最长。古人以奇数为阳，偶数为阴。冬至日，昼最短夜最长，过了这一天，则昼逐渐加长，意味着阳气渐盛。所以人们就采用最大的阳数“九”，从冬至这天起开始“数九”。每九天是一个周期，即一个“九”，排列至第九个九为止，共九九八十一天。三九、四九往往是最冷的时候，待到“数九”结束，九九八十一而寒尽，就到了春暖花开的时节。

到了数九寒天，人们会根据当地的气候，编制、吟诵“九九歌”，如“一九二九，不出手；三九四九，冰上走；五九六九，沿河看柳；七九河开，八九雁来；九九加一九，耕牛遍地走。”还有张贴有趣的“九九消寒图”。它是入九以后的“日历”。最简单的做法是画出纵横各九栏，形成八十一格，每格的中间再画一个圆，称作“画铜钱”。每天根据天气的情况涂一栏里的铜钱，涂法是“上阴下晴左风右雨雪当中”，等到八十一枚铜钱都涂完，春天就回来了。还可以“写九”，即选择九个九画的汉字，联成一句，比如“亭前垂柳珍重待春风”，放在格中，一日涂一个笔画，涂完即是数九完毕了。还有用图画的方式，画一枝素梅，一只九朵，每朵九瓣，每天染一瓣，染完八十一瓣，就到了春天。

冬至的夜，是一年一度的最长夜，古人说，这个长夜，是应该安静度过的。城门关闭，战场停战，市场停止营业，禁止喧闹。此时阳气刚刚萌动，还很微弱，需要呵护，所以以安静来安抚阳气，使它逐渐生长，到了来年，成就下一个灿烂的春天。冬至的日期非常接近西方的平安夜（Silent Night，即 Christmas Eve，在 12 月 24 日），可以说，冬至就是我们自己的平安夜。可惜的是，现在一到 Christmas Eve，大家穿红戴绿，熙熙攘攘地庆祝，然而，冬至，作为最早被发现、也最重要的中国传统节气和节日，除了莫须有的吃饺子的习俗，却越来越被中国人忽略了。

冬至的长夜里，最是容易勾起沉思。公元 804 年（唐德宗贞元二十年）的岁末，时年 33 岁、担任秘书省校书郎的白居易，在邯郸写下一首冬至日的名诗《邯郸冬至夜思家》："邯郸驿里逢冬至，抱膝灯前影伴身。想得家中夜深坐，还应说着远行人。"诗人在邯郸的客栈里，逢到冬至日。长夜里，他抱着双膝坐在灯前，只有影子相伴，心中对家人无比想念。他想起家中的亲人，在这深夜里，也该在谈论着我这个远行的人吧。杜甫的《小至》，是写在冬至的前一日："天时人事日相催，冬至阳生春又来。刺绣五纹添弱线，吹葭六管动浮灰。岸容待腊将舒柳，山意冲寒欲放梅。云物不殊乡国异，教儿且覆掌中杯。"冬至过后，阳气渐生，白日渐长，刺绣的女子都要添线了，河边柳树将要泛绿，山上梅花也快开放，这严冬里，孕育着春天的气息。虽然此时身处异乡，但风物却并无不同，所以诗人教儿子也斟酒举杯。这寒冬里的勃勃生机，感染到了诗人的心情，所以会有这样的畅快之为。

民间话"春困，夏乏，秋打盹，睡不醒的冬三月。"在长夜漫漫之中，浓浓的睡意总是爬上来。睡即有梦，梦亦是中国文化中的活跃分子。在《庄子·齐物论》的结尾，这个"庄周梦蝶"的故事，渗透着缠绕千年的梦的迷思："昔者庄周梦为胡蝶，栩栩然胡蝶也，自喻适志与！不知周也。俄然觉，则蘧蘧然周也。不知周之梦为胡蝶与，胡蝶之梦为周与？周与胡蝶，则必有分矣。此之谓物化。”庄周梦见自己变成蝴蝶，感到非常愉快啊。不知道自己原本是庄周。突然间醒过来，惊惶不定之间，方知原来我是庄周。不知是庄周在梦中变成蝴蝶呢，还是蝴蝶梦见自己变成庄周呢？梦中的一切亦真亦幻，醒来之时，到底是回到现实还是进入到另一个梦境呢？这是令人好奇，也令人迷惑的问题。2010年，在全球掀起热潮的美国电影《盗梦空间》，与庄子对梦与现实的想法有异曲同工之妙，这也证明了我国传统文化中的许多因素，具有在现代社会得到崭新表现的价值。这项博古通今的任务，理应是我们民族复兴的伟大事业中非常重要的一部分。

寒冬腊月（小寒）

小寒，在二十四节气中位列第二十三，在阳历的 1 月 5 日或 6 日，表示天气开始寒冷，且越来越冷。对于中国而言，小寒标志着开始进入一年中最寒冷的日子。根据中国的气象资料，小寒是气温最低的节气，只有少数年份的大寒气温低于小寒。俗话说，“冷在三九”，“三九”多在阳历的 1 月 9 日至 17 日，就在小寒节气内。

“寒”字，在金文中就已经出现了，它的部首“宀”，音 mián，表示房屋。屋内，中间是一个朝左而立的人，它的身旁围绕着四个“草”的形状，下面是表示冰的两横。我们都有这样的感觉，在寒冷的时候，是从脚先开始冷的，脚也是最容易感觉冷的。屋内的人脚下有冰，即使身边的草也难以御寒，这些形象的符号，构成了“寒”字。后来，到了楷书的形体，“宀”下面的这些部分，发生了形变，就成为今天的“寒”字的字形了。“寒”的本义就是寒冷，这个义项发展到今天也依然是“寒”字的基本义。它构成的词也最多,如寒潮、寒冬、寒色、寒流、寒意、寒气等。地球的南极圈、北极圈以内,气候最为寒冷,因此称为“寒带”。学校里冬季的假期,称为“寒假”。“寒暄”,寒指冷,暄指暖,寒暄指人们见面时谈论天气冷暖,是应酬的意思。因为寒会使人颤抖,恐惧也会使人颤抖,所以,有了表示“害怕”的引申义,例如“心寒”、“胆寒”。刀剑反射的光,令人感觉寒冷,也令人害怕,所以称“寒光”。寒冷与贫穷给人带来的感觉也相似,所以又有了表示“穷困”的引申义。“寒碜”中的寒即是此意,“碜”是东西里夹杂着沙子,寒碜就是丑陋、不体面的意思,还可以作为动词,表示讥笑,揭人的短处。艰苦的读书生涯,称作“十年寒窗”、“寒窗苦读”,是兼有冷与穷二意。“寒苦”,是指贫穷困苦。“寒门”,是指贫寒、卑贱的家庭。“寒微”,指出身贫苦。“寒舍”,是一种谦称,对别人称呼自己的家。“寒酸”,形容简陋,或是仪态上不大方。作为反义词,一般是寒对暑,冷对热和暖,在节气的名称里,是使用的寒暑这对词,夏季有“小暑”、“大暑”,冬季有“小寒”、“大寒”。冷的义项比寒更多。它除了可以表示温度低,还可以表示不热情,如“冷言冷语”;表示不热闹,如“冷清”;表示少见,如“冷僻”;表示暗中的,如“冷不防”;表示失望,如“心灰意冷”等。

与寒有关的成语,多有着深刻的意味。蝉到寒天,便不再发声,于是有成语“噤若寒蝉”,形容不敢作声。在法律上,引申出一个用语,叫做“寒蝉效应”,指人们害怕遭到刑罚而不敢自由发表言论,如同蝉在寒冷的天气中噤声一般。“冰冻三尺,非一日之寒”,冰冻了三尺,并不是一天的寒冷所能达到的,比喻一种情况是长时间的积累而形成的。“不寒而栗”,天不寒冷的日子里却发抖，形容非常害怕。“唇亡齿寒”，意为嘴唇没有了，牙齿就会感到寒冷，比喻事物之间密切的利害关系。松、竹经冬不凋，梅花耐寒开放，因此有“岁寒三友”之称。“嘘寒问暖”，呵出热气使寒冷的人感到温暖，形容十分关切。“一曝十寒”，出自《孟子·告子上》：“虽有天下易生之物也，一日暴之，十日寒之，未有能生者也。”曝是晒的意思，即使是天下最容易生长的植物，晒一天，冻十天，也不可能生长。比喻一时勤奋，一时懒散，是不可能成功的。《诗经·邶风·凯风》中有一句：“爰有寒泉，在浚之下。有子七人，母氏劳苦。”泉水滋润土地，母爱亦是如此。人们以“寒泉之思”来指子女对母亲的感恩与思念。在这岁暮天寒的节气里，天地冷清，但心灵却该是温暖的，温暖自己，也温暖他人，寒中的暖，更是令人贴心。

（南宋）李迪《雪树寒禽图》
（现藏于上海博物馆）

岁寒知松柏（大寒）

大寒，是二十四节气中最后一个，在阳历的 1 月 20 日或 21 日，表示天气严寒。我们在谷雨节气时介绍了花中之王牡丹，那么，谁又能在树中称王呢？当是松柏莫属，因为，到了严冬之际，许多落叶乔木都凋零了，松柏却依然傲雪挺立，不减雄风，像极了在危难之际岿然不动的王者之风，坚韧、稳定，恒久地作用于人的心灵，为脆弱而善变的人心，注入劲健刚强之气，提升困境求生之能，堪称人类的良师益友，受益匪浅。

《论语·子罕》中记载孔子言："岁寒，然后知松柏之后凋也。"可以说为松柏的品格留下千古定论。在春夏草木茂盛之际，松柏并不显眼，但是到了寒冷的冬季，惟有松柏最后凋零，而且松柏旧叶未谢，新叶已生，从未曾断绝了绿色。松柏的品格，正如在无论多么艰苦的条件下都坚守品格的君子，不因风吹雨打、寒冷冰霜而凋落萎靡。也正如坚守道义的仁者，在黯淡的年代里，不屈不挠，守住本心，把持真理与美善，等到春季回暖，松柏守住的那缕绿意将再次铺满大地，等到文明再生，仁者守住的精髓将再次弘扬。这就是伟大的民族里，真正的脊梁，悠久的长河中不散的魂魄。中华文化之所以能历久弥新，正是松柏一般的品格所护养，这亦是我们每一个文化的传承者需要砥砺修行的方面。

从《诗经·小雅·斯干》的"如竹苞矣，如松茂矣"，松柏就成为了中国古典诗歌里经常出现的意象。建安七子之一刘桢的《赠从弟》，以松柏能够挺立风中而不倒、历经严寒而不凋的习性，来勉励堂弟不要因外力的压迫而改变本性："亭亭山上松，瑟瑟谷中风。风声一何盛，松枝一何劲！冰霜正惨凄，终岁常端正。岂不罹凝寒？松柏有本性！"西晋诗人左思的《咏史》，则是借松来鞭挞黑暗的门阀制度："郁郁涧底松，离离山上苗。以彼径寸茎，荫此百尺条。世胄蹑高位，英俊沉下僚。地势使之然，由来非一朝。金张藉旧业，七叶珥汉貂。冯公岂不伟，白首不见招。”在当时的门阀制度下，出身是决定一切的根本，一些很有才华的人，因为出身寒门，就注定得不到施展的机会，造成“上品无寒门，下品无势族”的不平等现象。左思用“郁郁涧底松”比喻出身寒微的士人，“离离山上苗”比喻世家大族的子弟。孱弱的树苗，因为长在高山之上，竟然遮盖了在涧底生长的百尺大树，这种由于出身环境的不同而带来的巨大的不平等，一针见血地表现出了当时社会的腐朽面貌。李白的《古风》，则是说到严子陵的故事：“松柏本孤直，难为桃李颜。昭昭严子陵，垂钓沧波间。身将客星隐，心与浮云闲。长揖万乘君，还归富春山。清风洒六合，邈然不可攀。使我长叹息，冥栖岩石间。”严子陵，名叫严光，字子陵，是东汉的一位隐士。他在少年时与后来成为汉光武帝的刘秀是同学、好友。刘秀登基后，想起严子陵，多次征召他做官，严子陵都拒绝了。为了躲避利禄，他隐居起来，终老于山林。李白用松柏的形象来歌咏他，说到松柏生来就孤高直立，绝不会为了讨人欢喜，而改变成为桃李一样的花巧容颜。人也当如松柏一般，不能为了趋炎附势，而改变自己的品德。在《颍阳别元丹丘之淮阳》的“松柏虽寒苦，羞逐桃李春”句中，李白也表现了松柏与桃李所不同的追求，象征人格的孤洁不争。在《南轩松》里，李白塑造了一个孤松的形象：“南轩有孤松，柯叶自绵幂。清风无闲时，潇洒终日夕。阴生古苔绿，色染秋烟碧。何当凌云霄，直上数千尺。”这棵松树，虽然孤独，但它生长得潇洒而茂盛，有蓬勃的生命力，待到时机，它还能直上云霄。这是写松，亦是写人，即便是孤行者，即便是无依无靠，也应该积极、洒脱地成长，并在心中怀有凌云之志，长风破浪会有时，直挂云帆济沧海。杜甫的“青松寒不落，碧海阔愈澄。”（《寄刘峡州伯华使君四十韵》)将青松的气象与沧海对照,更加显得阔大。而《古柏行》,是杜甫古体诗的代表作之一,诗人赞颂了诸葛亮庙前的一棵久经风霜的古柏。松柏寿命很长,往往成为古老历史的见证,白居易的《郊陶潜体诗》说:“不动者厚地,不息者高天。无穷者日月,长在者山川。松柏与龟鹤,其寿皆千年。”孔明庙前的古柏枝如青铜,根如磐石,有四十围的直径,有二千尺的高度。当时刘备与诸葛亮之间的风云际会,至今为人称道,这经历了许久岁月而依然挺立的古柏,正像是雄才大略而又忠心耿耿的孔明。杜甫《古柏行》似乎每一句都是在颂扬古柏,但是每一句又都是在颂扬孔明:“孔明庙前有老柏,柯如青铜根如石。霜皮溜雨四十围,黛色参天二千尺。君臣已与时际会,树木犹为人爱惜。云来气接巫峡长,月出寒通雪山白。忆昨路绕锦亭东,先主武侯同閟宫。崔嵬枝干郊原古,窈窕丹青户牖空。落落盘踞虽得地,冥冥孤高多烈风。扶持自是神明力,正直原因造化功。大厦如倾要梁栋,万牛回首丘山重。不露文章世已惊,未辞翦伐谁能送。苦心岂免容蝼蚁,香叶终经宿鸾凤。志士幽人莫怨嗟,古来材大难为用。”然而刘备与诸葛亮之间的相知,却多么难得,作者颂扬古柏的同时,自己怀才不遇的感慨也越积越深,到诗歌的后部澎湃而出,“古来材大难为用”的叹息,回响在多少人生际遇里。他在《夔州歌十绝句》里,又一次提到“武侯祠堂不可忘,中有松柏参天长”,以及七律的代表作之一《蜀相》:“丞相祠堂何处寻?锦官城外柏森森。映阶碧草自春色,隔叶黄鹂空好音。三顾频繁天下计,两朝开济老臣心。出师未捷身先死,长使英雄泪满襟。”可见孔明庙前的老柏,在杜甫心目中的深刻印象。宋代大诗人苏轼的《寄题刁景纯藏春坞》开篇一句“白首归来种万松,待看千尺舞霜风”，以种植松树来比喻培养人才，栽下松树可以看到他们不畏寒冷的英姿，培养人才亦可以使之成为社会栋梁。

松柏，是你我都常见的，有这样的榜样树立在身畔，是绝佳的学习对象。大自然不仅为我们提供着物质资料，更有着许多精神养分，它在多方面塑造着一个人，也迎接着人们打开的怀抱。松柏在风雪中的挺立，如同度过严冬的火种，它处处散落，等待燎原的时机。绿树之上那皑皑白雪，是冬季最美的景致，待到雪融了，但愿松柏之心也已融进了我们的心灵。

冬天的松树

新桃换旧符（除夕）

除夕就是一年里最后一天的夜晚。除，表示去，也表示交替，夕，表示夜晚，除夕就是去除旧岁，更换新年。初时，人们在新年的前一天击鼓驱鬼，这种“驱逐”是除夕的雏形。每到除夕，我们都会揣摩自家贴一副怎样的对子，走在大街上，看到家家户户贴上的春联也是各个不同。春联，是特别具有文化内涵的春节习俗之一。它起源于桃符。传说在上古时期，度朔山上有神荼、郁垒两位神灵。山上有一棵大桃树，每天早上，他们便在这树下检阅百鬼。其中如果有恶鬼危害人间，便会加以惩罚。后来，老百姓便在大门的左右各挂一块桃木，上画他们的神像，用来驱鬼镇邪。于是这种画在桃木上的像就被称作“桃符”。这时的桃符上是只有像没有字的。到了五代十国时期，后蜀的皇帝孟昶，有一年除夕，突发奇想，命人在桃木板上写下了“新年纳余庆，嘉节号长春”，这是桃符第一次写了字，还是对句，是中国的第一副春联。到了宋代，在桃木板上写对联，已经相当普遍了。王安石的《元日》诗：“爆竹声中一岁除，春风送暖入屠苏。千门万户曈曈日，总把新桃换旧符。”是说到春联时必然提到的一首诗，它反映了北宋时的除夕，家家户户挂桃符的盛况。相传春联得到非常广泛的普及，与明太祖朱元璋的倡导有关。洪武年间的除夕，朱元璋下诏令民间都要张贴春联。到了初一，他出去巡视，发现了惟一一户没有张贴春联的人家。一问，原来是一个杀猪匠，不识字，不会写春联。于是朱元璋当即为他写下一副春联——“双手劈开生死路，一刀割断是非根”，与他的职业契合，颇为绝妙。从此，除夕贴对联的习俗在民间就更加普遍了。

春联由上联、下联、横批组成。横批，是贴在一副对联上方的横幅，“批”，是揭示、评论的意思，横批对整副对联的内容起到补充、概括、提高的作用。而上、下两联必须是一个对子。这就是文字上的对仗。对仗，又叫做对偶，偶就是两个人在一起，对偶就是两个字数相等、结构相似的语句相排列，是汉语的一种特有的美。对偶在诗歌、骈文、对联等文体中有明确的要求，在其余的文体中，也被经常使用。词汇的分类，是对仗的基础。这并不与我们现在所分的词类完全等同，而是主要分为九类：1、名词 2、形容词 3、数词 4、颜色词 5、方位词 6、动词 7、副词 8、虚词 9、代词。同类的词相对应，就是对仗。举个例子，如王维的《观猎》，颔联两句是"草枯鹰眼疾，雪尽马蹄轻"，"草"对"雪"、"鹰"对"马"、"眼"对"蹄"，都是名词对名词；"枯"对"尽"、"疾"对"轻"，都是形容词对形容词。另外，连绵词（两个音节联缀成义而不能分割的词）要与连绵词相对，人名要与人名相对，地名要与地名相对。如杜甫的《春日忆李白》，颈联两句是："渭北春天树，江东日暮云"，"渭"（渭水）对"江"（古时专指长江），是水名对水名；"北"对"东"，是方位词对方位词。李商隐《安定城楼》的颔联两句："贾生年少虚垂泪，王粲春来更远游"，"贾生"对"王粲"，就是人名对人名。在句法结构上，也要相互对称。主谓结构对主谓结构，如吴均的《与朱元思书》："风烟俱净，天山共色"；偏正结构对偏正结构，如"东道主"对"忘年交"；动宾结构对动宾结构，如王勃《滕王阁序》："临帝子之长洲，得天人之旧馆。"

在这些讲究的基础上，春联又必须带有喜庆的意思，所以内容上也是有限定的。但是，中国的语言艺术就是这样，尽管限制、规矩非常多，但是就在这束缚中，反而创造出更加优美的成果。"福"字出现的频率很高，"幸福吉祥，花开富贵"、"日月祥光照，乾坤福气临"、"五福临新宇，九州度瑞年"、"年乐人增寿，春新福满门"、"千山春似海，万载福临门"、"四面和风八面喜，一门福气万门春"、"春驻春门春不老，福临福地福无疆"、"云献吉祥星联福寿，花开富贵竹报平安"等等，都是将福字贯穿其间。春联是春节时分贴出来，所以往往与春季、迎春相关，比如"山河增秀色，门户沐春晖”、“人随春意泰，年共晓光新”、“天载长春日，时逢永福年”、“日暖春常在，人和福永留”、“四海春光好，万家喜气浓”、“春光开锦绣，吉地报平安”，这是五言对句；六言句也别有一番风味：“天赐一门吉庆，春来二字平安”、“眼望新春美景，胸怀壮志豪情”、“到处肥田沃土，及时好雨春风”……七言对句很常见，比如“一元二气三阳泰，四时五福六合春”、“千秋岁月千秋业，万里江上万里春”、“春之百花香满地，节来万事喜盈门”、“福禄寿三星拱照，天地人一体同春”、“三阳启泰春无限，五谷丰登岁有余”，而“天增岁月人增寿，春满乾坤福满门”，可说是七言对句的春联里最为家喻户晓的一则；八言句再多一字，一般是上四个字和下四个字之间有一停顿：“家富人欢顺如流水，时和景淑穆若春风”、“东西南北八方吉庆，春夏秋冬四季平安；”九言句如“瑞雪伴青松江山如画，和风拂翠柳天地皆春”；十言句，一般是四字句和六字句连缀组成的，这和以四、六句式为基础而形成的骈文非常相似：“岁序更新三朔同临道祚，风光胜旧一门独得先春”、“晓日初晴海宇云霞呈秀，春风乍暖江城梅柳生辉”。还有更长的呢，“乐事无边万户春灯传五夜，太平有象一天晴雪映三丰”、“万象承乾处处春光寒转暖，三阳开泰年年淑景去还来”，这是上、下联各有十一个字；“华夏五千年经天纬地文明史，阳春九万里足食丰衣幸福家”、“祥光照四海四海皆春春不老，福气临九州九州同乐乐无穷”，这是上、下联各有十二个字；“漫天瑞雪兆丰年户户迎春祝福，扑面东风醒大地家家进宝招财”，这是上、下联各有十三个字；“年年喜鹊闹红梅红梅昂首迎红日，岁岁笑颜入春帖春帖满门洽春风”，这是上、下联各有十四个字。这些嵌有“春”字的春联，将许多初春的景色也写了进去，非常应时应景，令人亲近。

除夕夜是年关交替之时，开始进入到一个新的生肖年，所以春联还往往与生肖联系在一起。比如“钟声敲子夜，瑞气入鼠年”，是说的子鼠；“丑时春入户，牛岁福临门”，是丑牛；“人入虎年增虎劲，景添春色耀春晖”、“年逢寅虎群情奋，日起鲲鹏大地春”，是寅虎之年；“喜对良宵玩玉兔，笑同胜友赏新春”，是卯兔年到了；作为龙的传人，龙年的春联也很有气势：“无限风光新世纪，有为天地大龙年”、“千里云霞辉大地，万般气象壮龙年”、“碧海惊涛龙献瑞，苍梧茂叶凤呈祥”；巳蛇又称作“小龙”，因而有这样的春联：“盛世酬奇志，新春舞小龙”、“灵蛇有幸吐春意，小院无尘蕴福音”；午马的春联多有奔腾之势：“东风骏马阳关道，小院朝晖幸福家”、“度佳节九州同乐，迎新春万马奔腾”、“跃马迎春春风扑面，抬头见喜喜气盈门”；“羊”与“祥”谐音，未羊年的春联也很是喜气：“千羊开淑景，百业贺新春”、“岁届吉羊燕舞莺歌齐祝福，年逢盛世桃红柳绿尽芳菲”；申猴年里，多用到“金猴”之称：“金猴捧硕果，玉宇起宏图”、“金猴启泰物华天宝长安乐，玉燕迎春人寿年丰大吉祥”；鸡可以鸣叫，像是报春一般：“鸡鸣万壑长天锦，日耀千山大地春”、“大地春回金鸡报晓，中天日丽玉宇生辉”；狗是看家护院的忠诚伙伴，戌狗年的春联多有平安之意：“犬守平安日，梅开如意春”、“疏柳莺啼千谷静，新春卧犬一村安”；室内有豕便是“家”字，豕就是猪，猪是与人的生活关系很紧密的动物，“猪是农家宝，龙为华夏心”，就说得很有道理。

还有一些很有趣的行业联，就像朱元璋为屠户写下的春联一样，与职业特色联系起来，收到独特的效果。比如钢铁厂的“红心赤胆夕朝炼，铁骨钢筋日夜锤”；发电厂的“锦绣江山添色泽，光明世界灿辉煌”；丝绸厂的“云霞分七彩，锦绣聚千丝”；酒厂的“美酒醇香如竹叶，杏村余韵似春风”；铁路行业的“热情待客千般好，礼貌迎宾万里春”；航空行业的“跃上高空万里，迎来胜友千邦”；林业的“十年树木千秋业，一统江山万里春”；养花行业的“一路香风花世界，八方卉客美心灵”；茶业的“绿满竹林山滴翠，春回茶岭路飘香”；渔业的“笙吹渔业乐，网织水乡春”；商业的“三阳开泰财源茂，百货载春生意兴”；服装业的“愿将天上云霞色，化作人间锦绣裳”；珠宝行业的“天上明河银作水，海中仙树玉为林”；钟表行业的“千秋伟业千秋福，一寸光阴一寸金”；灯具行业的“纵横比美花千树，上下争辉月一楼”；古董行业的“夏鼎商彝列陈满室，隋珠和璧价值连城”；文具行业的“彩笔描摹天下事，素笺蕴蓄世间情”；摄影行业的“永葆春风面，常留倩影身”；美发行业的“事业皆从头上起，财源自向面前来”；洗浴行业的“雾绕云蒸除旧貌，神清气爽展新颜”；饮食业的“美食由来夸众口，香风飘出压群芳”；旅游业的“欢迎春夏秋冬客，款待东西南北人”；宾馆业的“楼里楼外藏温暖，客来客往见深情”；教育业的“朵朵小花欣吐蕊，莘莘学子看成才”、“甘当师者因传道，愿作春泥为护花”；图书馆的“读万卷图书知今鉴古，藏百家著作益友良师”；戏剧界的“布武修文宛然经济，嬉笑怒骂皆是文章”。如此这般，每个行业，在过年时根据自己的特色来撰制春联，自有一番风雅谐趣。

更岁交子（除夕）

除夕夜的年夜饭非常丰盛，堪称一年中最重要的一顿饭，其中哪些是必不可少的？最重要的就是饺子。尤其在北方，包饺子更是家家户户绝对不会错失的除夕习俗。俗话说“好吃不过饺子”，饺子，作为中国传统饮食的代表，白面包裹馅料，开水煮熟，和汤食或蘸醋食用，也可蒸、可煎、可炸。皮也可以不用面，而做成蛋皮饺、米粉饺；形状也多种多样，元宝形、鱼形、老鼠形、花朵形、太阳形等等，不一而足；馅料也非常丰富，各种肉类、海鲜、蔬菜等都可以入馅。饺子特别符合中国人的饮食习惯，是人们的日常主食之一，也是除夕、立冬、冬至等节日和节气的特定食品，蕴含着丰富的饮食文化内涵。水饺古称牢丸、粉角、水角、馄饨、饽饽等，后来怎么叫饺子呢？“饺”原来是“角”，“粉角”就是用面粉做成角样的食物，“水角”就是用水煮的角，因“角”、“饺”发音相同，后来就说成“饺饵(饺儿)”、“饺子”。

中国人吃饺子的历史非常久远。在山东滕州薛国故城的一座春秋晚期墓中，随葬的铜器里有一种呈三角形的面食，长五至六公分，是迄今所知最早的饺子，只是与后世饺子形状有差异。在重庆的一座三国时期的墓葬中，出土了一些庖厨俑，其中有两件陶塑表现古代厨师正在厨案边工作，厨案的中心位置上摆着捏好的偃月行的花边饺子。在新疆吐鲁番的一座唐代的墓葬中，发掘到与现在的饺子几乎一样的面食。只是，早期的饺子并不一定是过年时候吃的，而饺子作为除夕到大年初一的特有食物，可能起于明代。在民间传说里，过年吃饺子，有这样一个故事：有一位叫作苏巧生的御厨，烹饪技艺高超，有一年的腊月二十九，他为皇上做了九十九个花样的饭菜，皇上十分满意。到了晚上，他想，明天是除夕，我再做一样菜，便回家与亲人团聚。正当它为如何做好这道除夕的饭菜发愁时，突然看到厨案上有余下的羊肉和菜，于是将肉和菜混合起来剁碎，调拌之后，用白面包裹，做成角形，在锅里煮熟，呈给皇上。这道临时做成的菜肴，原来非常好吃，皇上龙颜大悦，问到："这是什么菜？"苏巧灵机一动，脱口而出："角食也。"以后，这道食物在民间流行起来，过年包角食吃成为了民俗。

前面我们介绍过中国的"时辰"，午夜跨越两天的时辰，就是"子时"，那么在除夕夜，表示新旧年交替的时辰，也就是子时。所以人们在除夕夜制作的食物"饺子"，也具有了"更岁交子"，辞旧迎新的意思。除了这个与名字相关的含义，饺子还有许多其他的美好寓意。比如饺子的形状与元宝相似，在春节将饺子吃下肚，就有"招财进宝"的意思。饺子有馅，人们常常把许多可以表示吉祥的东西包进馅里，取个好兆头。比如在饺子馅中放红糖，意味着"生活甜蜜"；在饺子馅中放花生，寓意"长生不老"。有得时候，并不把每一只饺子都放上特殊的馅料，而只有其中的一部分有，那么能够吃到带有特别的馅的饺子，就更是有一种意外的喜庆。有的地方把饺了与面条煮在一起，形象地称为"银线

饺子

吊葫芦”，用葫芦来象征长寿，又称作“金线穿元宝”，意即“有金有宝”，都是吉祥的寓意。

既然“角”是“饺”的本字，饺子又包含了另一层文化含义。“角”，本指牛、羊、鹿等头上长出来的坚硬的东西，是在争斗中用来相抵的。因而有了竞争的意思，角斗、角逐、口角等词都是由此意而来。“角”变成“饺”，从“交”，交是结交、联系的意思，把本来争斗的意思变得平和了许多。再加上“子”，即可以表示子时，又可以表示儿女、果实、种子，与传承、发展联系起来。所以“饺子”这个名字的背后，意义深远。年关之时，阖家团圆，共吃饺子，正是一年到头难得的交流之时，旧岁与新年、长者与少小之间，也在此时衔接传续，生生不息。春节是一个宏大的节日，但是落实到每一个人的身上，是由一句祝福、一声鞭炮、一颗饺子、一张剪纸，一点一滴地体现出来的。饺子包过了一年又一年，一个家庭、一种民俗、一个民族，就在这人间烟火气中，薪尽火传。